THAILAND

ON TOUR

W0052705

DER AUTOR

WOLFGANG RÖSSIG

studierte Literaturwissenschaften und Kunstgeschichte,
sucht seit Jahren in Thailand nach dem perfekten
Strand, entdeckt eine thailändisch anmutende Leichtsinnigkeit
in Gelddingen, ist süchtig nach den scharfen
Köstlichkeiten der Garküchen und bewundert die heitere
Gelassenheit von Buddhastatuen.

Unser E-Book-Code zur elektronischen Erweiterung des
POLYGLOTT on tour. Das kostenlose E-Book enthält die im
Reiseführer aufgeführten Adressen entlang der Touren,
beispielsweise zu Essen und Trinken, Shoppen, Aktivitäten
und Hotel-Tipps. Links auf einen externen Kartendienst
vereinfachen das Auffinden dieser Adressen.

WWW.POLYGLOTT.DE

SYMBOLE ALLGEMEIN

 Erstklassig: Besondere Tipps der Autoren

 Seitenblick: Spannende Anekdoten zum Reiseziel

 Top-Highlights und Highlights der Destination

54 TOUREN & SEHENSWERTES

TOUR-SYMBOLE		**PREIS-SYMBOLE**	
❶ Die POLYGLOTT-Touren		Hotel DZ	Restaurant
❻ Stationen einer Tour	€	bis 1200 Baht	bis 250 Baht
📱 A1 Die Koordinate verweist auf	€€	1200–3000 Baht	250–500 Baht
die Platzierung in der Faltkarte	€€€	über 3000 Baht	über 500 Baht
📱 a1 Platzierung Rückseite Faltkarte			

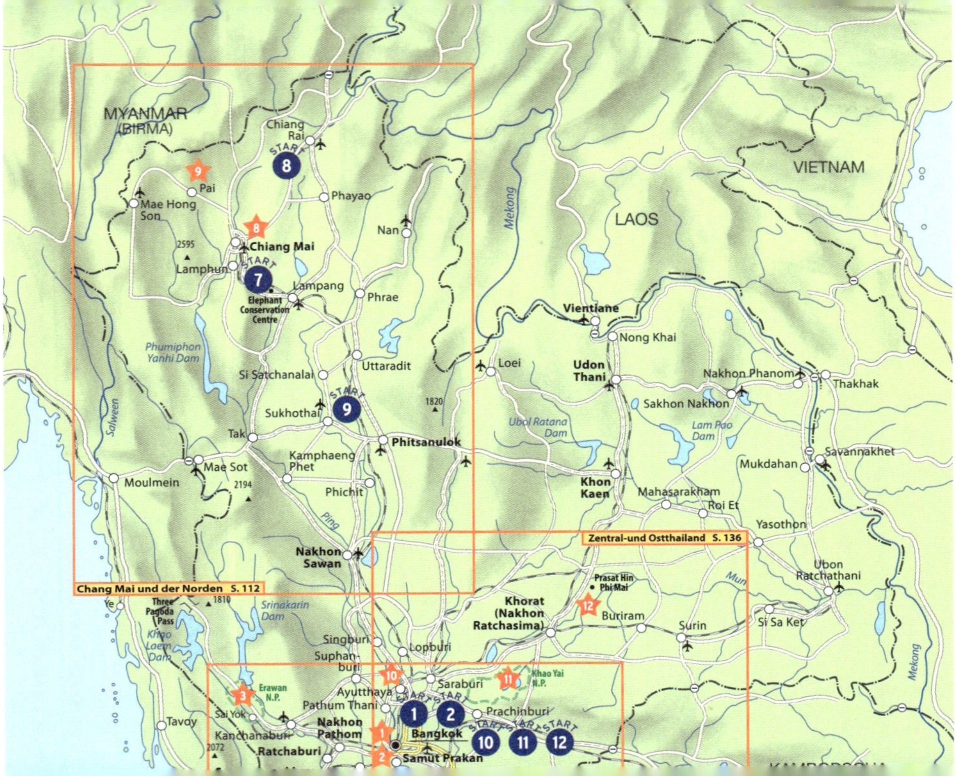

Perfekte Planung > Parallel vordere Klappe aufschlagen

TOP 12 HIGHLIGHTS

1. WAT PHRA KAEO UND KÖNIGS-PALAST > S. 62
2. CHATUCHAK MARKET > S. 68
3. ERAWAN NATIONAL PARK > S. 77
4. KO SAMET > S. 83
5. KHAO PHRA TAEO NATIONAL PARK, PHUKET > S. 96
6. SIMILAN ISLANDS > S. 101
7. CHAWENG BEACH, KO SAMUI > S. 106
8. NACHTMARKT IN CHIANG MAI > S. 119
9. PAI > S. 126
10. AYUTTHAYA > S. 138
11. KHAO YAI NATIONAL PARK > S. 140
12. PRASAT HIN PHIMAI > S. 142

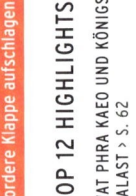

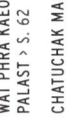

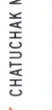

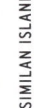

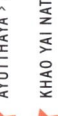

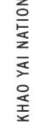

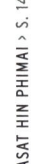

ZEICHENERKLÄRUNG DER KARTEN

- [ ] beschriebene Region (Seite=Kapitelanfang)
- 🔟 Ⓔ 🕐 Sehenswürdigkeiten
- ④ Tourenvorschlag

	Autobahn
	Schnellstraße
	Hauptstraße
	sonstige Straßen
	Fußgängerzone
	Eisenbahn
	Staatsgrenze
	Landesgrenze
	Nationalparkgrenze

Phnom Penh

VIETNAM

Long Xuyen

Mekong

Kompong Som

Golf von Thailand

Chantaburi

Ko Chang

Ko Samet

Pattaya

Hua Hin

Prachup Khiri Khan

Mergui

Tenasserim

Islands

Chumphon

Ko Tao

Ko Phangan

Ko Samui

Chaweng

Ang Thong Marine N.P.

Ranong

Khao Sok N.P.

Surin Islands

Similan Islands

Phang Nga

Khao Lak

Ko Phuket

Kamala

Phuket

Krabi

Ko Phi Phi Islands

Ko Lanta

Surat Thani

Nakhon Si Thammarat

Phatthalung

Trang

Satun

Songkhla

Hat Yai

Pattani

Kangar

Yala

Narathiwat

Malakkastraße

Bangkok, Pattaya und Hua Hin S. 56

Phuket und der Süden S. 88

200km

N

Der Krabi Phra Nang Beach – ein
Traum von Urlaub und Paradies

TYPISCH

THAILAND IST EINE REISE WERT!

Exotische Tempelanlagen, märchenhafte Paläste und farbenfrohe Märkte, tropische Strand- und Inselparadiese, eine unglaublich bunte Welt unter Wasser und Bangkok, die fiebrig-moderne Metropole mit aufregendem Nachtleben: Thailand stellt auch verwöhnte Urlauber zufrieden.

WOLFGANG RÖSSIG
studierte Literaturwissenschaften und Kunstgeschichte, sucht seit Jahren in Thailand nach dem perfekten Strand, entdeckt eine thailändisch anmutende Leichtsinnigkeit in Gelddingen, ist süchtig nach den scharfen Köstlichkeiten der Garküchen und bewundert die heitere Gelassenheit von Buddhastatuen.

Sawadee krap! Schuld ist wieder einmal ein Last-minute-Angebot: 500 Euro kostet der Flug nach Bangkok, und binnen zwölf Stunden graue deutsche Winterkälte gegen Thailands farbenfrohe Tropenwärme einzutauschen, wer könnte da schon widerstehen? Mit dem topmodernen Airport Rail Link flitze ich hinein in die feuchtheiße Metropole, die trotz Lärm und Chaos nicht wirklich einschüchtert. Denn zwischen Hochbahnen und Schnellstraßen warten Oasen der Besinnung: Ein blumengeschmückter Schrein mit bunten Geisterhäuschen und anmutigen Menschen, die mit tiefer Wai-Verbeu-

Longtail-Boote, zum Ablegen bereit

gung Räucherstäbchen entzünden und ihre Wünsche gen Himmel schicken. Die Anspannung der Reise fällt ab, und nach einer traditionellen Massage ist der Jetlag vergessen. Mit gelösten Gliedern steuere ich die nächste Garküche an. Jetzt erst einmal eine sauerscharfe *Tom yam gung* schlürfen und voller Vorfreude in einen Topf nach dem anderen gucken, bis das schärfste Curry gefunden ist, das mir die Tränen in die Augen treibt – und dann bin ich angekommen im »Land der Freien«.

Rot glüht die Andamanensee im Licht der Abendsonne

Zugegeben, mit der Freiheit ist es derzeit nicht zum Besten bestellt. Wieder einmal sorgt das Militär für »Ruhe«, die der *farang*, wie hierzulande der Fremde heißt, so schätzt, weil ihm Sicherheit, und sei sie noch so subjektiv, wichtiger ist als Thailands steiniger Weg zur Demokratie. Trotzdem bleibt *sanuk* der Inbegriff thailändischer Lebensphilosophie. *Sanuk* bedeutet »Spaß haben«. Was nicht *sanuk* ist, unterlässt man, wann immer es geht, und wenn man wirklich mal unangenehme Dinge tun muss, dann nie, ohne wenigstens das Ganze mit etwas *sanuk* zu würzen. Das gilt selbst für die spärlich gekleideten Mädchen, die in den Bars von Pattaya gelangweilt Connect Four spielen und für manchen *farang* der Inbegriff von *sanuk* sind. Andere entdecken hinter dem geschminkten Dauerlächeln die stille Tristesse und buddhistisch geprägte Hinnahme des Unvermeidlichen.

Sanuk und Schönheit, die den Thais nicht minder wichtig ist, finde ich woanders, zum Beispiel in der Andamanensee, die in allen nur erdenklichen Blautönen leuchtet. Unter Wasser treiben es die Blumenkohl- und Feuerkorallen, die Trompeten- und Anemonenfische viel bunter als die schrillen Drag Queens bei den Travestieshows in Patong und Pattaya.

Unentdeckte Paradiese sind aber auch in Thailand rar. *Mai pen rai* – »Macht nichts!« Traumlandschaften mit spektakulären Felsformationen, weißen Puderzuckersträndchen und glasklaren, türkis schimmernden Lagunen gibt es an der Andamanen- und Golfküste jede Menge. Doch selbst auf Phuket, Epizentrum der Tourismusmaschinerie des Landes, findet man noch Strände, an denen Meeresschildkröten ihre Eier vergraben. Oft ist paradiesische Einsamkeit nur eine Frage der Uhrzeit. Wenn spätnachmittags das letzte bunte Longtail-Boot – in Thailand definiert als »alles was schwimmt und Höllenlärm macht« – am Horizont verschwunden ist, kann man fast mutterseelenallein durch die einzigartigen Karstkegellandschaften

Eine Gläubige lässt die Glocken im Kloster von Doi Suthep erklingen

der Archipele von Phang Nga und Ang Thong paddeln, die flammenden Sonnenuntergänge über der spiegelglatten See und das Funkeln von Milliarden Sternen bewundern, während das Partyvolk die Vollmondnächte anderswo feiert, mit wummernden Bässen und viel Alkohol.

Selbst wirklich einsame Traumstrände gibt es noch, zum Beispiel in den marinen Märchenwelten südlich von Ko Lanta, etwa auf den 50 fast unbewohnten Urwaldinseln des Tarutao-Archipels, die der Aufschwung des Tourismus auf der schon zu Malaysia gehörenden Insel Langkawi langsam aus ihrem Dornröschenschlaf reißt. Noch kann man hier in Palmwedelhütten Robinson spielen und Hängematten zwischen die Palmen spannen.

Szenenwechsel: Auf der Fahrt mit dem Nachtzug von Bangkok nach Chiang Mai trägt eine milde Brise die satten Düfte Zentralthailands durch das weit geöffnete Schlafwagenfenster. In und um Thailands Metropole des Nordens entfesseln Tempel mit goldüberzogenen Pagoden und Märkte mit Kunsthandwerk der Bergvölker ein Feuerwerk der Farben. Weiter westlich entfalten chinesisch anmutende Hügellandschaften im Morgennebel ihren stillen Zauber. In der Tempelstadt Sukhothai kündet das sanfte Lächeln der Buddhastatuen von der Süße des Nirvana.

Vom Tourismus noch immer vernachlässigt ist der im Norden und Osten vom mächtigen Mekong beherrschte Isaan. Im Süden der Provinz warten die faszinierenden Tempel der Khmer mit ihren herrlich verzierten Prangs, dem Glück verheißenden Gott Shiva geweiht. Mit der »Khmer Cultural Route« möchte Thailand mehr Touristen in das Grenzgebiet zu Kambodscha locken, dessen Menschen nicht nur eine gemeinsame Kulturgeschichte vereint, sondern auch die Gelassenheit, an der es der Politik in der Region derzeit mangelt. Djai yen, ein »kühles Herz« zu bewahren, das gilt auch hier.

WAS STECKT DAHINTER?

Die kleinen Geheimnisse sind oftmals die spannendsten. Hier werden die Geschichten hinter den Kulissen erzählt.

WAS BEDEUTET DAS FIGUREN-SAMMELSURIUM IN DEN TAXIS?

Buddhastatuen, Amulette und Fotos von Mönchen sowie Mitgliedern der Königsfamilie kleben auf dem Armaturenbrett, außerdem zieren Yantra-Diagramme das Innendach, Blumengirlanden und Perlenketten hängen vom Innenspiegel, stets der thailändischen Devise »mehr ist besser« folgend. Diese Miniatäre sind quasi die Lebensversicherung des Fahrers, sein Schutz gegen das schlechte Karma, das Sie, werter Fahrgast, ihm ins Fahrzeug tragen. Die Alternative – nämlich einfach umsichtiger zu fahren – ist in der thailändisch-buddhistischen Vorstellungswelt, in der das Schicksal weitgehend vorbestimmt ist, nicht vorgesehen. Aber mit dem Ihnen zugedachten Schicksal möchte der Fahrer lieber nichts zu tun haben.

WAS BEDEUTEN WOLLFÄDEN AM HANDGELENK?

Trägt eine Person Wollfäden um das Handgelenk, möchte sie damit ihr *khwan,* die »freie Seele«, an den Körper binden und sich so Glück und Gesundheit sichern oder zurückholen. Denn wenn ein *khwan* den Körper verlässt, bedeutet das auf jeden Fall Krankheit und Unglück. Besucher bekommen meistens von buddhistischen Mönchen einen Wollfaden um das Handgelenk gebunden. Sie sollten darauf achten, dass der Faden möglichst von selbst abfällt.

WARUM LÄCHELN THAIS EIGENTLICH SO VIEL?

Nichts fürchten Thais mehr als den Gesichtsverlust; offene Konflikte werden, wenn irgendwie möglich, vermieden. Mit Lächeln geht das am besten. Achten Sie auf die Körpersprache des anderen: Eine zögerlich-positive Auskunft, verbunden mit einem Lächeln, bedeutet fast immer: »Ich weiß es nicht« oder »eigentlich geht es nicht«. Taktvolle Touristen vermeiden daher von vornherein alles, was jemanden in Schwierigkeiten bringen. Macht ein Thai einen Fehler, wird der Gesichtsverlust weggelächelt. Passiert Ihnen ein peinliches Missgeschick, wird Ihr Gegenüber ebenfalls lächeln. Das hat mit Schadenfreude allerdings rein gar nichts zu tun, vielmehr möchte die Person verhindern, dass Sie Ihr Gesicht verlieren. Lächeln Sie zurück und sagen Sie: »Mai pen rai« (Macht nichts!), um die peinliche Situation zu bereinigen. Aus scheinbar ausweglosen Situationen, auch bei Behörden, hilft ein Lächeln, denn mit einem »kühlen Herzen« beweisen Sie Ihre Thailandtauglichkeit. Und: Beim Feilschen senkt ein Lächeln viel eher die Preise als ein grimmiges Gesicht. › mehr S. 19 Punkt 45

50 DINGE, DIE SIE …

Hier wird entdeckt, probiert, gestaunt, Urlaubserinnerungen werden gesammelt und Fettnäpfe clever umgangen. Diese Tipps machen Lust auf mehr und lassen Sie die ganz typischen Seiten erleben. Viel Spaß dabei!

… ERLEBEN SOLLTEN

1 **Freeclimber's Traum** Starten Sie per Longtail-Boot schon frühmorgens von Krabi zu der steil aus dem Wasser ragenden Felsnadel des Ao Nang Towers › S. 103, denn bis etwa 13 Uhr liegt die Westwand noch im Schatten.

2 **Inselhüpfen** Eintägige Paddeltouren im Archipel des Ang Thong Marine National Park, bei denen man immer wieder zum Schnorcheln ins glasklare Wasser springen und jede Menge bunter Fische bewundern kann, bietet Blue Stars 📖 B9 in Chaweng auf Ko Samui, (www.bluestars.info, Tagestrip ab 2500 Baht).

So elegant schwingt sich ein Gibbon von Baum zu Baum

3 **Karma günstig stimmen** Nach genauem Studium der 108 Glückssymbole auf den Fußsohlen des Erleuchteten im Wat Pho › S. 64, werfen Sie in alle 108 Almosenschalen um den Liegenden Buddha je eine 25-Satang-Münze – die gibt es vor Ort für wenige Baht. Die Bronzeschalen stehen symbolisch für die 108 guten Taten, die dem Buddha zur Vervollkommnung verholfen haben.

4 **Radtour durch Sukhothai** Die »Morgenröte der Glückseligkeit« (so die Bedeutung des Namens der Tempelanlage) erforscht man am besten auf einer frühmorgendlichen Radtour. Sie radeln durch eine wunderschöne Kulturlandschaft mit traditionellen Dörfern und genießen den Anblick der schlanken Stupas und eleganten Buddhas im zarten Licht des Morgenrots. Geführte Radtouren organisiert Cycling Sukhothai (Tel. 0 85083 1864, www.cycling-sukhothai.com).

5 **Kiteboarding** Ein Schnupperkurs am Ban Harn Beach 📖 B9 auf Ko Samui macht's möglich: auf dem Board unter dem Lenkdrachen pfeilschnell über das Wasser zu flitzen (Kiteboarding Asia, www.kiteboardingasia.com, 4200 Baht/3 Std.).

Beim Thaiboxen fiebern die Zuschauer mit

6 **Jetlag-Massage** Nach dem langen Flug aus Europa beginnt der Urlaub tiefenentspannt im Spa des Oriental Hotel › S. 70 in Bangkok (3900 Baht/90 Min.).

7 **Trekking** Chan führt Interessierte in ein Dorf der Karen, und plaudert unterwegs in Englisch über Flora und Fauna der Wälder Nordwestthailands (Chan Nature Walks ▮ A2, Mae Hong Son, www.trekkingthai land.com, 3000 Baht).

8 **Dschungelfeeling** Es macht einen Affenspaß, wie ein Gibbon über Hängebrücken von Baum zu Baum zu klettern und an Ziplines über den Bergwald von Chae Hom hinwegzusausen (Flight of the Gibbon ▮ B2, Chiang Mai, www.flightofthegibbon. com, 3999 Baht)

9 **Vollkontakt** Wer beim Thaiboxen *Muay Thai* nicht nur zusehen möchte, bucht Übungsstunden im Sor Vorapin Boxing Gym ▮ c2 nahe der Khaosan Rd. in Bangkok. Mit einigen blauen Flecken muss man aber rechnen (www.thaiboxings.com, ab 500 Baht).

10 **Zu Haien tauchen** Die Riffe Hin Daeng und Hin Muang (32 Seemeilen südl. von Ko Lanta) zählen zu den spektakulärsten Tauchrevieren der südlichen Andamanensee. Das Ko Lanta Dive Center › S. 105 organisiert das spannende Erlebnis. Die beste Zeit des Jahres für die Begegnungen mit Mantas und Walhaien ist zwischen Februar und April. Dann ist auch das Meer am ruhigsten, und es sind nicht so viele Taucher unterwegs.

... PROBIEREN SOLLTEN

11 **Guai Tiao** Köstliche Nudelsuppen zu 80 Baht kann man an jeder Garküche schlürfen, aber die Luxusvariante mit Kobe-Rindfleisch gibt's für 550 Baht bei Nuer Koo Noodle Soup im 4. Stock des Einkaufszentrums Siam Paragon › S. 67.

12 **Phat Thai** Das Gericht aus Reisbandnudeln, Eiern und Erdnüssen mit Fleisch oder Meeresfrüchten gelingt auf den Woks von Thipsamai d3 zum Niederknien (313 Maha Chai Road, Banglamphu, Bangkok).

13 **Boo Paht Pong Karee** Das Krebscurry, abgeschmeckt mit frischer Austernsoße und scharfen Chilis, mundet in den kleinen Seafoodlokalen am Strand von Ao Nang bei Krabi besonders gut, z. B. im Anchalee › S. 103.

14 **Stinkende Königin** Einmal wenigstens müssen Sie es wagen, die auf jedem Obstmarkt in Thailand nahezu andächtig feilgebotene Durian zu kosten. Sie mag zwar müffeln wie ein Paar ungewaschener Socken, doch ihr Geschmack hat schon viele Skeptiker bekehrt. Versuchen Sie es mal auf dem Markt in Chanthaburi D7, da die »Käsefrucht« aus dieser Gegend kommt. In öffentlichen Verkehrsmitteln dürfen Sie eine Durian nicht transportieren, und auch im Hotelzimmer ist sie nicht erlaubt, verspeisen Sie sie also stets vor Ort.

15 **Willkommensdrink** Die Hotelbar des Arun Residence › S. 69 in Bangkok mixt den *Sabai Sabai* aus dem goldfarbenen Mehkong Whisky mit frisch gepresstem Limettensaft, Zuckersirup, süßem Thai-Basilikum und Club Soda gut und gern.

16 **Tom yam gung** Die scharfe Hühnersuppe, die mit Zitronengras, Limetten- und Korianderblättern, Frühlingszwiebeln, Strohpilzen und Garnelen zubereitet wird, schmeckt außerirdisch gut in der Garküche von Jae Fai › S. 24, die 2017 sogar mit einem Michelinstern ausgezeichnet wurde!

17 **Khao phat** Den Klassiker thailändischer Garküchen aus gebratenem Jasminreis, roter Paprika, Frühlingszwiebeln, Knoblauch, Eiern, Limetten, entweder mit Schweinefleisch *(mu)* oder mit Hühnerfleisch *(gai)* sollten Sie an den Ständen in Bangkoks Convent Rd. 📱 g6 testen. Die Menge der Chilis bestimmt die Schärfe!

18 **Som tam** Im Isaan sehr beliebt ist dieser aus dünnen Streifen grüner, unreifer Papayas, Cocktailtomaten, getrockneten Krabben, kleinen Krebsen, Limonen, Knoblauch und viel Chili zubereitete Salat. In Bangkok kann man Varianten am Isaan-Stand im MBK Food Island des MBK-Center › S. 67 testen.

19 **Feines Würstchen** In Chiang Mai muss man unbedingt *Sai ua* probieren. Diese mit Zitronengras, Galgant (Thai-Ingwer), gehackten Schalotten, Kurkuma und roter Currypaste pikant gewürzten und mit Klebreis frisch gegrillt oder gebraten als Vorspeise servierten Schweinswürstchen sind eine nordthailändische Spezialität. Suchen Sie auf dem Warorot-Markt 📱 B2 den Stand mit der längsten Schlange!

Durians sehen eigentlich harmlos aus

20 **Khao niew mamuang** Klebreis mit reifer Mango ist eine Spezialität des Stands Raan Khao Niew Mamuang in Bangkoks »Fressgasse« Sukhumvit Soi 38. Okkrong-Mangos haben das feinere Aroma, *Nam Dok Mai* genannte Mangos sind saftiger und weniger faserig.

… BESTAUNEN SOLLTEN

21 **Farbige Vita** Auf dem Gelände des Nationalmuseums › S. 63 in Bangkok schildern über 200 Jahre alte Fresken 28 Szenen aus dem Leben Buddhas.

22 **Zauber der Unterwelt** Langsam gleiten die Bambusflöße durch die zauberhafte Tropfsteinhöhle Tham Lot 📱 A1, Stalagmiten und Stalagtiten schimmern im Schein der Bootslampen.

23 **Tänzerische Anmut** Die Tänzerinnen mit dem hohen goldenen Kopfputz, die meist am Wochenende vor dem Lak-Muang-Schrein › S. 63 in Bangkok mythologische Szenen aus den großen asiatischen Epen darbieten, lassen für Momente die Hektik der Metropole vergessen.

24 **Lichterfest in Chiang Mai** 🔖 B2 Bei Vollmond im November steigen nachts Hunderte kleiner Heißluftballons mit den Wünschen der Gläubigen gen Himmel, während auf dem Wasser Schiffchen mit Räucherstäbchen, Kerzen und Opfergaben ihre Sünden davontragen.

25 **Thailands schönste Hand** Der Sitzende Buddha im Wat Sri Chum in Sukhothai › S. 132 ist von atemberaubender Eleganz. Die vier schlanken vergoldeten Finger der rechten Hand symbolisieren die Niederlage des Dämonen Mara.

Fein gewebte Seidenstoffe

26 **Bunte Riesenschlange** Eine in Stein gehauene siebenköpfige Naga-Schlange windet sich an beiden Seiten einer Treppe mit 309 Stufen zum Tempel Wat Phra That Doi hinauf › S. 124.

27 **Blume Buddhas** Die Lotusblüte zählt als Symbol für Reinheit, Treue, Schöpferkraft und Erleuchtung zu den acht Kostbarkeiten des Buddhismus und ist in den Teichen der Tempelanlagen zu bewundern.

28 **Sonnenaufgang in Ayutthaya** Im Morgenlicht scheinen die Tempel › S. 139 zu glühen. Was im grellen Mittagslicht unmöglich ist, gelingt nun: wirklich magische Fotos.

29 **Wie hingetuscht** Vom Sunset Viewing Point des Tempels Wat Doi Kong Moo › S. 125 schweift der Blick in der Abenddämmerung über die Hügel von Mae Hong Son mit dem von Tempeln gesäumten Kham Lake.

30 **Bangkoks schönste Aussicht** Im Open-Air-Restaurant Vertigo und in der Moon Bar im 61. Stock des Banyan Tree Hotel › S. 71 liegt Ihnen die abendlich funkelnde Metropole zu Füßen. Die besten Fotos gelingen, wenn die letzten Sonnenstrahlen den Himmel orange färben.

31 **Traumstrand** Das von Dschungel überzogene Eiland Ko Hai 🔖 B11 südlich von Ko Lanta lässt mit türkisblauem klaren Meer, schneeweißem Puderzuckersand und bunten Booten vom Paradies träumen.

Flache Figuren aus Leder sind die Hauptdarsteller im Schattenspiel

... MIT NACH HAUSE NEHMEN SOLLTEN

32 Schattenspielfiguren Mit den bei Nakhon Si Thammarat gefertigten Figuren können Sie die Abenteuer des Affenkönigs Hanuman im heimischen Kinderzimmer nachspielen. Die beste und günstigste Auswahl finden Sie auf Bangkoks Chatuchak Market › S. 68.

33 Hemd nach Maß Vater und Sohn Rajawongse › S. 75 schneidern Ihnen in Bangkok ein Maßhemd aus bestem Baumwollstoff ab ca. 35 €.

34 Thailand auf dem Silberteller Die Bergvölker Nordthailands bearbeiten Silber kunstvoll; auf den getriebenen Schalen sind manchmal Szenen aus der Geschichte Siams dargestellt. Besonders gute Qualität bietet Louis Silverware (99/1 San Kamphaeng Rd., Chiang Mai).

35 Nordthailands Schattenspender Sonnenschirme aus Bambus und *Sa*-Papier aus der Rinde des Maulbeerbaums sorgen jederzeit für sommerliche Leichtigkeit. Im Umbrella Making Center von Boh Sang 📱 B2 bei Chiang Mai werden die Papierschirme mit filigranen Blumenmotiven verziert.

36 Aromatherapie Die thailändischen Massageöle der nach Zitronengras und Kaffernlimette duftenden »Oriental Essence« von Thann entspannen zu Hause wie im Urlaub. Sie bekommen sie z. B. im Thann Sanctuary Spa, Einkaufszentrum Emporium › S. 75 in Bangkok.

37 Mudmee-Seide Wundervoll gemusterte seidige Kissenbezüge, Decken und Vorhänge (Maße mitnehmen!) verkauft das Silk & Cultural Center › S. 142 im Seidenweberdorf Pak Thong Chai bei Khorat.

Chili und Limetten auf dem Markt

38 **Duft des Nirvana** Nach jedem Tempelbesuch wird ihnen der süß-zarte Räucherduft stundenlang anhaften. Nehmen Sie das Aroma mit nach Hause! Die Räucherstäbchen ihres Lieblingstempels werden vor Ort für wenige Baht verkauft

39 **Reisschüssel aus Bambus** Robuste und sehr attraktive Korbwaren der Bergvölker Akha und Lahu finden Sie bei Thai Tribal Crafts › S. 123 in Chiang Mai.

40 **Keramik in Jadefarben** Orginell sind die Teeservices mit Kännchen in Elefantenform aus Seladon-Keramik, die ursprünglich aus China stammt, doch im 14. Jahrhundert rund um Sukhothai ihren eigenen unverwechselbaren Thaistil entwickelte. Einc schöne Auswahl führt Baan Celadon › S. 122 (Sankamphaeng Rd. außerhalb von Chiang Mai).

41 **Gewürze** Chilischoten, Ingwer, Zironengras und eine riesige Auswahl abgepackter Currypasten für's »Nachschmecken« daheim finden Sie auf jedem Lebensmittelmarkt oder im Food Court des Einkaufszentrums Siam Paragon › S. 67.

... BLEIBEN LASSEN SOLLTEN

42 **Dem Falschen vertrauen** Trinken Sie nie aus bereits geöffneten Flaschen oder Dosen und lassen Sie die Finger von jeglichen Drogen, die oft auch von Polizeispitzeln angeboten werden. Schon beim Besitz kleinster Mengen drohen langjährige Haftstrafen.

43 **Motorradfahrten** Besonders die Serpentinenstraßen von Phuket, Ko Samui und Ko Phangan sind gefährlich für Zweiradfahrer. Wenn Sie kein alhoholisierter einheimischer Fahrer ins nächste Leben befördert, bleibt oft der Ärger mit dem Vermieter, der sich jeden noch so winzigen Kratzer vergolden lässt. Nie den Pass als Pfand hinterlassen!

44 **Backpacker-Busse** Für 400 Baht vom Hotel in Bangkok abgeholt und zu den beliebtesten Reisezielen kutschiert werden? Leider sind bei den Backpacker-Bussen eine hochriskante Fahrweise, endlose Verspätungen, unbequeme und meist unversicherte Fahrzeuge, Diebstähle und Betrügereien eher die Regel als die Ausnahme. Dabei sind reguläre Busse kaum teurer.

45 **Gesichtsverlust** Setzen Sie auf Gelassenheit und lächeln Sie dabei, so viel sie können. Mit Humor lassen sich oft scheinbar aussichtslose Situationen bereinigen. Wer seinem Ärger lautstark Luft macht, wird verächtliche Blicke ernten › S. 19.

46 **Kindern in Barvierteln Waren abkaufen** Hintermänner organisieren das Geschäft mit dem Mitleid genauso straff wie die Bettelei, sodass die Kinder bis frühmorgens arbeiten müssen.

47 **Muscheln im Gepäck** Nicht nur Korallen oder Krokodile stehen unter Artenschutz › S. 153, auch am Strand gesammelte Muscheln dürfen meist nicht ausgeführt werden. Machen Sie von den schönsten Exemplaren ein Foto und überlassen Sie die Gehäuse wohnungssuchenden Einsiedlerkrebsen.

48 **Buddhafigur ausführen** Abbildungen des Erleuchteten, auch aus industrieller Fertigung, dürfen nicht ausgeführt werden. Das Verbot gilt nicht für Amulette, die am Körper getragen werden.

49 **Plastikgeld aus den Augen lassen** Kreditkartenmissbrauch ist in Thailand leider gang und gäbe. Zahlen Sie möglichst bar. Ansonsten überwachen Sie den Zahlungsvorgang, damit im Hinterzimmer niemand eine Dublette anfertigt.

50 **Edelsteine kaufen** Tuk-Tuk-Fahrer oder Guides lotsen sie gern in protzige Läden, die Ihnen garantiert minderwertige Ware andrehen › S. 51. Wenn Sie aber die Preziosen (in Begleitung der Touristenpolizei) umgehend zurückgeben, muss man Ihnen laut Gesetz 80 % des Kaufpreises erstatten.

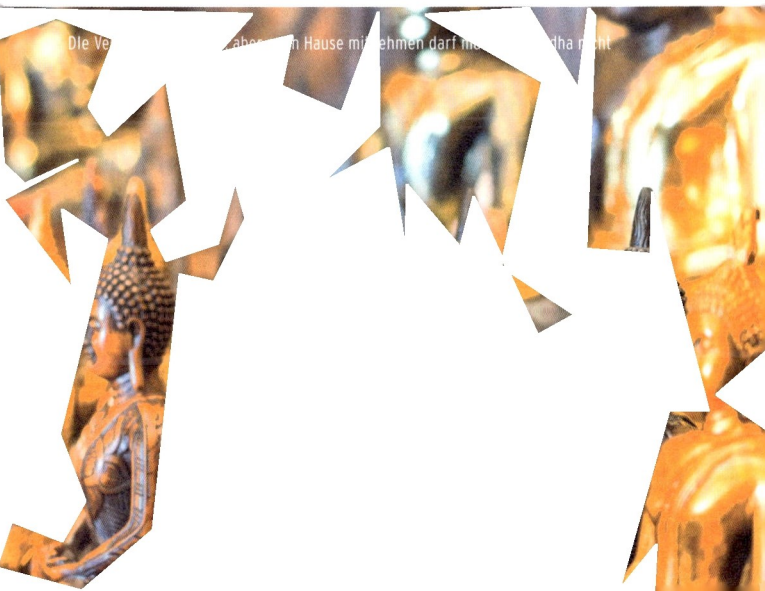

Die Ve ... aber ... h Hause mi ... ehmen darf ... dha ... cht

Der Wat Phra Kaeo ist einer von vielen prachtvollen Tempeln und Königspalästen in Bangkok

REISEPLANUNG & ADRESSEN

DIE REISEREGION IM ÜBERBLICK

Bangkok mag ein feuchtheißer Stadtmoloch sein, doch lässt sich der Aufenthalt hier durchaus angenehm gestalten. Die wichtigsten Sehenswürdigkeiten sind bequem mit Flussfähren und kurzen Spaziergängen zu erreichen.

Die Einkaufspaläste sind ohnehin eher zu kühl als zu heiß, und mit dem Skytrain gehen Sie dem infernalischen Verkehr elegant aus dem Weg. Wenn Sie hauptstadtnahen Urlaub am Meer mit Schwerpunkt Amüsement lieben, hält **Pattaya** das preisgünstigste Angebot für Sie bereit. Weiter östlich liegt die Insel Ko Samet mit feinen Sandstränden, die jedoch unter dem Ansturm der Ausflügler aus Bangkok leidet. Deutlich gediegener, auch etwas teurer, geht es in **Hua Hin** zu, wo sich insbesondere ältere Gäste am langen, flachen Strand mit ewigen Plätscherwellen wohlfühlen. Beliebte Ausflüge in die Umgebung westlich von Bangkok sind die berühmte Brücke über den Kwai und die erfrischenden Kaskaden des Erawan National Park.

Schneeweiß oder golden leuchten die Sandstrände im Süden Thailands, azurblau schimmert das Meer, smaragdgrün manche Insellagune. Wenn Sie möglichst in dichter Abfolge tauchen, tanzen, dinieren, einkaufen und sich sonstwie vergnügen wollen, dann ist **Phuket** während der Hauptsaison im Winter die erste Wahl. Luxuriöse Hotelresorts verwöhnen hier ihre Gäste mit Wellness, während die Bierbars von Patong Beach eher dem Sündenbabel Pattaya nacheifern. Taucher lieben Khao Lak an der Andamanenküste und die vorgelagerten Similan Islands, Romantiker faszinieren die von dramatischen Felsformationen gerahmten Postkartenstrände von Krabi und die von malerischen Karstfelsen gesprenkelte Phang Nga Bay. Individualisten fühlen sich an den ruhigen, ausgedehnten Stränden von Ko Lanta wohl. Auch die Inseln der südlichen Golfküste sind beliebte Ziele für den Badeurlaub. Perfekt erschlossen ist **Ko Samui**, an dessen schönem Chaweng Beach sich Resort an Wellnesstempel reiht. Individualisten und junge Urlauber zieht es daher eher nach Ko Phangan, und das nicht nur der legendären Full Moon Partys wegen. Taucher setzen dagegen lieber gleich auf das kleine Ko Tao über, denn hier ist die bunt schillernde Unterwasserwelt des Golfs nur eine kurze Bootsfahrt entfernt. Mit dem Kanu kann man die unbewohnten Inseln des Meeresnationalparks Ang Thong mit ihren schroffen Klippen und unberührten Stränden entdecken.

Kulturreisende und Trekking-Fans zieht es in den **Norden Thailands**. Die Tempel von Sukhothai, Si Satchanalai, Lampang und Lamphun faszinieren mit ihren Glückseligkeit verheißenden Buddhastatuen. **Chiang Mai,** das Zentrum des Nordens, ist wegen seines legendären Nachtmarkts und der umliegenden Kunsthandwerksdörfer das Shoppingparadies des Landes. Die schön gelegenen Trekkinghochburgen Pai und Mae Hong Son locken im Osten von Chiang Mai mit Ausflügen in die Dörfer der Bergvölker. Chiang Rai im Norden ist das Sprungbrett für einen Besuch des einst so berüchtigten Goldenen Dreiecks am Mekong. Hier blickt man über die Grenze hinüber in die Urwälder von Laos und Myanmar.

Die Glanzpunkte der »Reisschüssel« **Zentralthailand** sind die Ruinenstadt Ayutthaya und der königliche Sommerpalast Bang Pa In, beide einen Tagesausflug von Bangkok entfernt. Von Ayutthaya oder Bangkok erreicht man in wenigen Stunden den Isaan, wie die Thais den **Nordosten** nennen. Hier sind die in der Umgebung der Provinzhauptstadt Khorat gelegenen Tempelanlagen der Khmer sehenswert: Prasat Hin Phimai und Prasat Phanom Rung. Naturfreunde kommen im Khao Yai National Park östlich von Khorat auf ihre Kosten. Durch die Primärwälder dort streifen noch Tiger, Leoparden und Elefanten.

Der Dschungel wird kleiner, die Elefanten weniger – nur noch etwa 2500 der grauen Riesen leben heute wild in den Waldreservaten

ZU BESUCH BEI TANTE MAULWURF

Wenn Jae Fai kocht, stieben die Funken

Schon bei meinem ersten Besuch vor über 30 Jahren jonglierte sie in ihrem Shophouse-Lokal südöstlich des Golden Mount mit ihren zwei Woks, um die das Feuer loderte. Schon damals trug sie zum Schutz eine schwarze Skimütze und eine überdimensionale Skibrille, die ihr den Spitznamen »Tante Maulwurf« einbrachten. Dabei heißt »Jae Fai« eigentlich Supinya Junsuta, doch das wussten lange Zeit nur die wenigsten.

Sie war immer eine Klasse für sich, denn seit Jahrzehnten serviert sie das wohl teuerste Streetfood Bangkoks. Trotzdem sind ihre unglaublich raffiniert gewürzten »betrunkenen Nudeln« *(pad kee mao)* mit knackfrischen Riesengarnelen meist das erste, was ich bei einem Bangkokbesuch esse, auch wenn das Gericht umgerechnet über zehn Euro kostet. Für Jae Fais legendäres Krebsomelett *(khai jeaw poo)* legt man locker die dreifache Summe hin. Doch wert ist das Omelett jeden Satang, auch wenn es nach wie vor in grellem, billigem Cafeteria-Ambiente serviert wird, woran sich noch nicht einmal Martha Stewart stört, die Jae Fai zur besten Köchin Thailands erklärte. Nein, Gemütlichkeit suchen selbst die Leute nicht, die vor dem Shophouse ihre Luxuslimousinen parken – eine willkommene Orientierungshilfe, denn ein englisches Hinweisschild gibt es

THAILAND PERSÖNLICH | 25

nicht. Die Qualität der Zutaten ist für Jae Fai alles, was zählt. Rezepte existieren nur in ihrem Kopf. Ihren Stammgästen macht das große Sorgen, denn Jae Fai ist bereits über 70 Jahre alt. Ihre studierten Kinder wollen sich die höllische Arbeit an den Woks nicht antun, und eine Nachfolgerin hat Jae Fai nie ausgebildet. Die Tradition könnte also bald enden.

Das wussten die Tester des Guide Michelin nicht, als sie Thailands Hauptstadt 2017 zum ersten Mal überhaupt unter ihre Lupe nahmen und Jae Fai als einziger Garküche Bangkoks einen Stern verliehen. Da stand sie nun auf einer großen Bühne, mit all den anderen preisgekrönten Köchen, Küchenchefs in Luxusrestaurants, und wusste nicht recht, wie ihr geschah.

Plötzlich interessierte sich jeder für ihr Leben, das weiß Gott nicht leicht gewesen war. Ihre Eltern verkauften Kleidung, doch sie verloren alles, als ihr Haus abbrannte. Fortan schlugen sie sich mit dem Verkauf von Nudelgerichten durch. Jae Fai sah zu und lernte. Doch sie wollte mehr: Beweisen, dass arme Leute fantastisch gutes Essen von höchster Qualität zubereiten können. Feinste Taschenkrebse aus Surat Thani verschmelzen bis heute in Jae Fais mit lediglich zwei Eiern in Öl herausgebratenen Omeletts zu einer Gaumensymphonie ohnegleichen. Fast ein halbes Pfund Krebsfleisch kommt hinein! Berühmte Köche aus aller Welt wollen mit Jae Fai arbeiten, um das Geheimnis ihres Krebscurrys (poo phad phong

karee) zu erfahren. Aber Tante Maulwurf spricht kein Englisch, und außerdem ist sie viel zu beschäftigt. Zehn Stunden arbeitet sie am Tag. Ohnehin halten es die empfindlichen Chefs aus Europa und Amerika bei ihr nicht aus, lächelt sie. Keine Klimaanlage, und dazu infernalisch lodernde Holzkohleöfen. Jae Fai hat zwar einheimische Gehilfen, aber nur sie kocht.

Den Michelin-Stern wäre sie inzwischen gern wieder los, denn die Schlangen vor dem Lokal sind endlos, und viele Leute wollen nur fotografieren. Die Gourmets müssen jetzt schon mehrere Stunden warten, bis sie an der Reihe sind, denn Vorzugsbehandlungen gibt es keine. Immerhin helfen seit der Preisverleihung Jae Fais englischsprachige Töchter Yuwadee und Varisa Junsuta aus, kümmern sich um ein funktionierendes Reservierungssystem und halten die Schlangen bei Laune – es gibt nach wie vor nur ein Dutzend Tische, und an der Einrichtung und Dekoration hat sich nichts geändert. Auch die Preise hat Jae Fai nicht erhöht: Ihre Stammgäste sind ihr wichtiger als schnelles Geld.

Über Jae Fais Stern freut sich eigentlich Nachbar **Thipsamai** (> S. 14) am meisten. Denn hier wird das wohl beste Phat Thai der Stadt serviert, zu Preisen ab 50 Baht, die bei normalen Garküchenkunden kein Herzrasen auslösen ...

- **Jae Fai** 📕 d3
  327 Maha Chai Road
  nördl. der Samranrat Intersection
  Banglamphu | Bangkok
  Tel. 0 2223 9384 | Mo–Sa 13.30–1.30 Uhr

KLIMA & REISEZEIT

Thailand hat ein tropisches Klima mit drei Jahreszeiten. Ideale Reisezeit ist der trockene Winter.

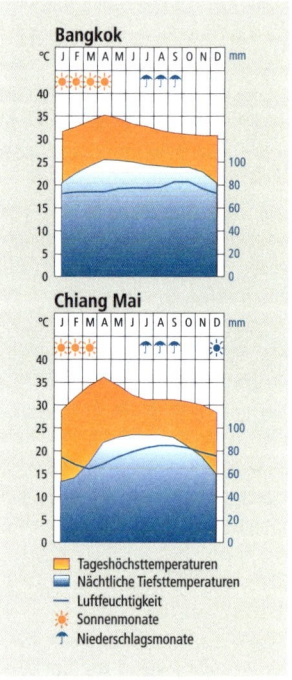

Bangkok

Chiang Mai

- Tageshöchsttemperaturen
- Nächtliche Tiefsttemperaturen
- Luftfeuchtigkeit
- Sonnenmonate
- Niederschlagsmonate

Von November bis Februar sind die Tagestemperaturen am angenehmsten, nachts kann es aber in Höhenlagen des Nordens zu Temperaturstürzen bis nahe 0 °C kommen. Im Süden dagegen bleibt es warm. In der **heißen Jahreszeit** (März–Mai) herrschen Hitze und hohe Luftfeuchtigkeit. Europäer halten es dann meist nur an den südlichen Küsten aus. In der **Regenzeit** zwischen Mai und Oktober beschert der Südwestmonsun dem ganzen Land unregelmäßige, schwere Niederschläge. An der Andamanenküste und auf Phuket regnet es hauptsächlich im Mai/Juni und September/Oktober. Eine eigene Klimazone hat der südliche Golf, wo das ganze Jahr über fast gleichmäßig verteilt Regen fällt, Oktober und November jedoch verstärkte Niederschläge bringen.

Während der thailändischen **Ferienzeiten** (Mitte März–Mitte Mai und drei Wochen im Oktober) und speziell um Songkran (Mitte April) › S. 47 sollten Sie gut planen und vorausbuchen.

ANREISE

Bangkok wird von allen großen Fluggesellschaften angeflogen, darunter Lufthansa, Austrian Airlines, Thai Airways, Singapore Airlines, Emirates, Etihad, Qatar Airways und Oman Air.

Sonderangebote gibt es häufig schon ab 500 Euro. Condor fliegt im Saisoncharter nicht nur nach Bangkok, sondern auch direkt nach Phuket. Die Flugzeit beträgt 10–15 Std.

Manche Fluggesellschaften verlangen die Rückbestätigung des Rückfluges mindestens 72 Stunden vorher. Ob telefonisch oder persönlich: Lassen Sie sich unbedingt den »reconfirmation code« geben!

REISEN IM LAND

MIT DEM FLUGZEUG

Thai Airways (www.thaiair.com) unterhält ein dichtes und sehr preiswertes Inlandsflugnetz, das durch mehrere private Fluglinien ergänzt wird, darunter Bangkok Airways (www.bangkokair.com). Die Billigflieger Air Asia (www.airasia.com), Nok Air (www.nokair.com) und Thai Lion Air (www.lionairthai.com) lassen sich übers Internet oder direkt am Flughafen buchen und bieten konkurrenzlos niedrige Preise für Inlands- und Regionalflüge, z. B. von Bangkok nach Chiang Mai, Phuket, Singapur oder Kuala Lumpur. Thai Wisdom Airways soll Ende 2018 ihren Flugbetrieb aufnehmen. Die Privaten bedienen auch Strecken wie Chiang Mai–Mandalay (Myanmar) oder Bangkok bzw. Phuket–Siam Raep (Angkor Wat/Kambodscha).

MIT DEM BUS

Das Straßennetz ist hervorragend ausgebaut, die Verbindungen, die von Bangkok aus sternförmig das ganze Land erschließen, sind häufig, preiswert und zuverlässig. Die staatliche Verkehrsgesellschaft bietet drei Klassen an: orange Standardbusse *(rot daeng)* mit dichter Bestuhlung und üppiger Frisch-

Es mag nicht immer so aussehen, aber die Busse sind zuverlässig

luftzufuhr, die auf Handzeichen am Straßenrand halten und entsprechend langsam sind, blaue klimatisierte *(ac)* Busse, die nur in größeren Orten stoppen, sowie klimatisierte VIP-Busse mit mehr Beinfreiheit. Die staatlichen Busse fahren öffentliche Terminals *(Baw Kaw Saw)* an, wo auch die Tickets verkauft werden. Auf vielen Strecken verkehren außerdem private Gesellschaften, die ihre Tickets über Reisebüros und Hotels vertreiben und häufig eigene Terminals haben.

MIT DEM ZUG

Auch das Eisenbahnnetz ist gut ausgebaut. Buchungen erfolgen über ein Computersystem an den Bahnhöfen. Die Vielfalt an Klassen und Arten (Express, Rapid, Special etc.) ist verwirrend, doch gibt es eine echte Attraktion: Auf den langen Strecken verkehren 2.-Klasse-Schlafwagen ohne Klimaanlage. Wenn Sie die etwas teurere untere (!) Reihe buchen, bekommen Sie ein geräumiges, sauberes Bett mit Platzservice für Essen und Getränke. Der Clou jedoch ist ein eigenes Fenster über die ganze Länge des Bettes, das sich öffnen lässt, sodass Sie Thailand mit all seinen Gerüchen und Geräuschen an sich vorbeiziehen lassen können. Auf der Website der Staatsbahnen finden Sie alle Fahrpläne und Tarife (www.railway.co.th).

MIT DEM MIETFAHRZEUG

Das Angebot reicht vom Fahrrad über das Moped (200–400 Baht pro Tag) bis zum Pkw und Jeep (1000–2000 Baht pro Tag). Die Fahrzeuge billiger Verleiher sind häufig technisch schlecht gewartet, der Versicherungsschutz oft völlig unzureichend. In Bangkoks Verkehrschaos zu fahren, erfordert extreme Geduld. Grundsätzlich sollten Sie besonnen und nicht nach Einbruch der Dunkelheit fahren. Thailand hat Linksverkehr sowie moderne Verkehrsregeln, die gelegentlich sogar beachtet werden. Erforderlich ist neben einem internationalen Führerschein v. a. äußerste Vorsicht, da man bei einem Unfall stets Ihnen die Schuld geben wird. Rufen Sie im Notfall stets die Versicherung an – im Eigeninteresse wird sie Ihre Rechte wahren!

ÖFFENTLICHER NAHVERKEHR

Das Tuk-Tuk ist eine dreirädrige Motorriksha mit Sitzbank, Verdeck und oft unberechenbaren Chauffeuren. Es ist nur für sehr kurze Strecken empfehlenswert. Tuk-Tuks gibt es hauptsächlich in Bangkok und Chiang Mai. Grundsätzlich ist der Preis vorher auszuhandeln. Eine Tour von einigen Kilometern sollte in Bangkok nicht mehr als 100 Baht, in Chiang Mai nicht über 60 Baht kosten. In den kleinen Provinzhauptstädten gibt es für wenige Baht die klassischen Fahrradriksha *(samlor)*. Das populärste öffentliche Verkehrsmittel für kürzere Überlandstrecken ist das *songthaeo*: mit Verdeck und engen Bänken ausgerüstete Pick-ups oder Kleinlaster, die in Städten wie Chiang Mai oder Pattaya auch als Sammeltaxi eingesetzt werden.

SPORT & AKTIVITÄTEN

Thailand ist mit seinen paradiesischen Stränden und dem kristallklaren Wasser ideal für sämtliche Wassersportarten. Aber auch Trekking, Reiten und respektvolle Begegnungen mit Elefanten sind beliebt.

WASSERSPORT

Paragliding, Surfen, Wasser- und Jetski werden mittlerweile an fast allen erschlossenen Stränden Thailands angeboten.

Segeln lohnt entlang der Ostküste südlich von Pattaya und um Ko Samui, dort allerdings nur im Sommer. Das zweifellos schönste Revier aber ist Phuket (Asia Marine, www.asia-marine.net). Tagestouren können in Hotels und bei Veranstaltern gebucht werden. Meist segeln Sie mit und müssen selbst nicht zugreifen. Wer selbst segeln will und eine Jacht chartern möchte, sollte dies am besten schon bei einem der Spezialveranstalter im Heimatland und möglichst rechtzeitig im Voraus organisieren!

In allen größeren Badeorten wetteifern private Tauchschulen in allen Sprachen um die Gunst der Kunden. Sehr schöne Tauchgründe finden sich um die Inseln (Ko) Similan, Surin, Lanta und Tao.

REITEN

Ein Pferd kann man am Strand von Hua Hin mieten, gute Reitställe finden Sie aber auch auf Phuket, z.B. an den Stränden Nai Harn und Bang Tao im Südwesten bzw. Nordwesten der Insel.

Ein Board nehmen und einfach lospaddeln …

BEGEGNUNGEN MIT ELEFANTEN

In den von Umweltschutzverbänden empfohlenen Elefantencamps steht das Spielen im Vordergrund. Dort artgerecht gehaltene Elefanten mit Wasser abzuduschen und mit ihnen zu baden, ist ein faszinierendes Erlebnis. Das vielerorts angebotene Reiten ist jedoch unter Tierschutzaspekten höchst bedenklich. Zur Situation der Tiere › Seitenblick S. 144.

FLOSSFAHRTEN

Kurztouren und mehrtägige Trips auf dem River Kwai › S. 76 starten in Kanchanaburi. Auf dem Mae Kok können Sie per Floß von Thaton nach Chiang Rai treiben › S. 131. Sehr gelobt werden auch die Touren ab Pai › S. 127.

GOLF

Erstklassige Golfplätze gibt es bei Bangkok, Chiang Mai, Chiang Rai, Kanchanaburi, Hua Hin, Cha-Am und Pattaya sowie auf Phuket. Caddys und Ausrüstung sind überall zu mieten, Gastspieler sind stets willkommen. Die besten Infos zum Thema Golfen in Thailand finden sie im Internet unter www.golf inthailand.com.

MEDITATION

Nur wer ein erhebliches Maß an Selbstdisziplin besitzt, wird die erforderliche Konzentration aufbringen und die strengen Regeln einhalten können, die auch in den englischsprachigen Kursen für Ausländer gelten. Zum Schnuppern eignen sich die Kurse des **Internatio**nal Buddhist Meditation Centre im Wat Mahathat am Sanam Luang in Bangkok (Tel. 0 2623 5881).

THAIBOXEN

Wer boxen lernen möchte, kann sich an das Muay Thai Institute (Pathum Thani, www.muaythai-institute.com) wenden, eine renommierte Institution, die eine breite Palette von englischsprachigen Kursen anbietet – übrigens auch für Frauen, die nicht sanfter kämpfen.

Überhaupt sollte man Muay Thai nicht mit westlichem Kickboxen verwechseln. Es zählt zu den härtesten Sportarten der Welt. So sind auch Knie- und Ellenbogenstöße erlaubt. Bis in die 1930er Jahre ging es sogar noch wesentlich blutiger zu. Schmerzen und zumindest blaue Flecke sind aber auch heute garantiert. Schließlich ist Muay Thai eine 2000 Jahre alte und für Thailand seit über 500 Jahren bezeugte Kampftechnik »mit den acht Gliedmaßen«, die man früher im Krieg anwendete, wenn man nicht mehr auf Speere und Schwerter zurückgreifen konnte.

TREKKING

Wandertouren werden im gesamten nordthailändischen Raum im Rahmen mehrtägiger Besuche bei Bergvolkdörfern angeboten – ein lukratives Geschäft, was leider manche Veranstalter schamlos ausnutzen. Im Extremfall werden Sie zu überhöhten Preisen auf Umwegen in angeblich unberührte Dörfer geführt, die seit Jahren eine wahre Touristeninvasion erleben. Ein gelungenes

Beim Trekking erlebt man die Landschaft mit allen Sinnen

Trekking bietet andererseits fantastische Impressionen von Menschen, Kulturen und Landschaften. Als generelle Faustregel kann man sich merken: Je kleiner der Ausgangsort ist, desto preiswerter und interessanter sind die angebotenen Treks.

Da es praktisch kein Bergvolkdorf mehr gibt, in dessen Nähe nicht eine gut ausgebaute Straße vorbeiführt, betragen die noch zu laufenden Strecken höchstens 20 km. Eine teure Anreise per Mietwagen, Hubschrauber oder Elefant mag zwar der Illusion Abenteuer dienen, notwendig ist sie auf keinen Fall. Analoges gilt für die Verpflegung. In den Bergen isst man gekochten Reis mit Gemüse – spärlich, aber jedem zuträglich. Selbst in den ärmsten Dörfern sind zudem Eier, Konserven und abgekochtes Wasser erhältlich. Meiden Sie Trekking Guides, die in Rambo-Montu-

ren daherkommen, als gelte es, gefährlichen Dschungel zu meistern. Tatsächlich gefährlich sind einige Routen entlang der Grenze zu Myanmar, aber diese Gegenden hat die Armee ohnehin gesperrt.

💬 VERZICHTEN SIE ...

Findige Veranstalter im Norden preisen eine Package-Tour zu den Langhalsfrauen an, die sehr zweifelhaft ist: Die etwa 40 Frauen einer Untergruppe des Padong-Stammes, die nach einer aussterbenden Tradition schwere Messingreifen um Arme, Beine und Hals tragen, werden wie in einem Zoo gehalten. Mit etwas Glück begegnen Sie den Frauen auch auf dem Morgenmarkt in Mae Hong Son, wo sie regelmäßig einkaufen gehen.

Das Chiva Som an der westlichen Golfküste ist eine Oase des Luxus und der Erholung:

UNTERKUNFT

Thailand bietet bis in die fernste Provinzhauptstadt zahlreiche Unterkünfte für jeden Geldbeutel. Die Palette reicht von weltberühmten Luxushotels bis zu windschiefen Bretterverschlägen, entsprechend unterschiedlich sind auch Preise und Service.

Am oberen Ende der Skala locken vollklimatisierte, komfortable Luxusresorts, Swimmingpools, Tennisplätze, Sportangebote, hoteleigene Babysitter, Tourprogramme u. ä., am unteren Ende muss man sich oftmals mit einem notdürftig zur Unterkunft umgebauten, engen Raum mit Pritsche, Moskitonetz, Ventilator und Sammelbad begnügen. Diese Guesthouses sind dank des ständig wachsenden Rucksacktourismus so zahlreich und billig (etwa 5 € pro Nacht), dass auf nähere Erwähnung in diesem Führer verzichtet wird.

Die empfohlenen Hotels zeichnen sich in ihrer Preisklasse durch besonders gute Ausstattung, Atmosphäre oder Lage aus. Die Einstufung basiert auf den Listenpreisen der Hotels. Die besseren Häuser liegen in heftigem Konkurrenzkampf und gewähren daher bei Buchungen über Reisebüros oder im Internet außerhalb der Saison Rabatte bis zu 80 % und teilweise selbst in der Hauptsaison noch einen Preisnachlass an der Rezeption, egal in welcher Kategorie oder Preisklasse. Damit werden selbst feinste Adressen erschwinglich.

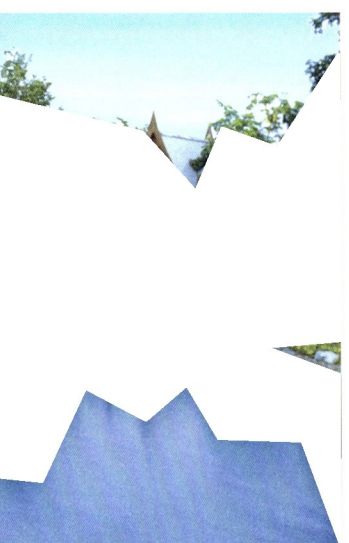

in Hua Hin

Die meisten Hotels erheben einen Zuschlag von 17 % für Steuern und Service.

Mindestens für den An- und Abreisetag lohnt sich eine Vorausbuchung, dann kann man den Flug entspannt antreten. Und sobald Ihre Planung Formen angenommen hat, sollten Sie auch in Thailand den Gang zu einem Reisebüro nicht scheuen, um Sonderangebote abzufragen und vielleicht ein reizvolles Schnäppchen zu ergattern.

Unbedingt rechtzeitig reservieren sollten Sie für Ihren Weihnachtsurlaub, und auch während des chinesischen Neujahrsfests und Songkran > S. 47 ist eine frühzeitige Buchung unbedingt zu empfehlen. Eine vorausschauende Planung ist während der thailändischen Ferien > S. 26 gefragt.

WOHNEN MIT STIL

- **Chakrabongse Villas** in Bangkok hat drei luxuriöse Villen am Ufer des Chao Praya. > S. 69
- **Arun Residence** in Bangkok bietet 5 elegante Zimmer und Blick auf den Wat Arun. > S. 69
- **Centara Grand Beach** in Hua Hin glänzt im Kolonialstil. > S. 86
- **Trisara** an Phukets schönem Nai Thon Beach bietet Luxus pur mit privaten Infinity-Pools und himmlischen Betten. > S. 97
- **The Sarojin** setzt mit seiner japanisch inspirierten Gartenanlage und edlen Zimmern Maßstäbe an den Stränden von Khao Lak. > S. 100
- **Rayavadee Villas** bezaubert mit luxuriösen Pavillons zwischen Rai Leh und Phra Nang, Krabis schönsten Stränden. > S. 103
- **Pimalai Resort** ist ein exquisites Verwöhnhotel am Ba Kan Tiang Beach von Ko Lanta. > S. 105
- **The Library** punktet mit minimalistischem Zen-Design und jeder Menge Luxus am Chaweng Beach von Ko Samui. > S. 108
- **Rachamankha** bietet edlen China-Thai-Stilmix mit schicker Bar und tollem Pool, in der Altstadt von Chiang Mai. > S. 120
- **The Legend** bei Chiang Rai bezaubert mit Villen und authentischer Lanna-Atmosphäre. > S. 128
- **Ruean Thai** in Sukhothai besticht durch seine erlesene Thaiarchitektur und Topservice. > S. 133

Der schwimmende Markt
von Damnoen Saduak betört
alle Sinne

LAND & LEUTE

STECKBRIEF

- **Fläche:**
  514 000 km²
- **Hauptstadt:**
  Bangkok
- **Staatsform:**
  Konstitutionelle
  Monarchie
- **Einwohner:** 69 Mio., davon ca.
  80 % Thais
- **Bevölkerungswachstum:**
  0,32% (2018, geschätzt)
- **Amtssprache:** Thai
- **Landesvorwahl:** 0066
- **Währung:** Baht
- **Zeitzone:** MEZ +6 Std. (während der europäischen Sommerzeit +5 Std.)

LAGE UND LANDSCHAFT

Thailand erstreckt sich über 1500 km von Norden nach Süden (20° 30' bis 5° 40' LAT), über 800 km von Ost nach West (105° 45' bis 97° 30' LON), an seiner schmalsten Stelle, am Isthmus von Kra, jedoch nur über gerade mal 13 km Breite. Die Nachbarländer sind von Norden ausgehend im Uhrzeigersinn Laos, Kambodscha, Malaysia und Myanmar (Birma).

Das Kernland wird vom Delta des Chao-Phraya-Flusses gebildet, dessen fruchtbares Schwemmland intensiv landwirtschaftlich genutzt wird. Als letzte Ausläufer des Himalaya durchziehen bewaldete Gebirgsketten den Norden, höchster Gipfel ist mit 2595 m der Doi Inthanon. Von Gebirgsketten mit Höhen zwischen 700 und 1000 m umrahmt, liegt im Osten des Landes das karge Hochplateau von Khorat.

Als Westthailand wird ein noch immer von dichten Urwäldern bedeckter Höhengürtel von 1500 bis 2000 m bezeichnet, der sich, an die Zentralregion grenzend, entlang der Grenze zu Myanmar erstreckt. Diese Berge dehnen sich über die ganze nördliche Hälfte der Halbinsel Malakka aus, sodass auch Südthailand weitgehend bergig ist. Die lang gestreckten, buchtenreichen Küsten des Südens mit unzähligen Stränden liegen an der Andamanensee des Indischen Ozeans im Westen und dem ins Südchinesische Meer übergehenden Golf von Thailand im Osten.

POLITIK UND VERWALTUNG

Thailand ist eine konstitutionelle Monarchie mit (derzeit bedingt) demokratisch gewählter Regierung und Mehrparteiensystem. Allerdings entstammen die meisten Politiker einem undurchsichtigen Geflecht von Polizisten, Militärs und Geldadel. Diese Leute beherrschen eine Politik, die sich nur gelegentlich um Gesetze oder Wählerwillen schert, aber bestimmt wird durch Bestechung und Intrigen. Wahlen sind grundsätzlich gekennzeichnet von Stimmenkauf und Verfahrensmängeln. Daher endet ein Großteil des politischen Prozesses in endlos tagenden Untersuchungsausschüssen und skandalösen Urteilen fragwürdiger Gerichtshöfe. Auch die früher relativ freie Presse des Landes wird vermehrt Opfer manipulativer Machenschaften. Den letzten, großen Rückschlag auf dem Weg zu demokratischen Reformen erlebte Thailand durch die Machtübernahme des thailändischen Militärs nach einem Putsch am 22. Mai 2014. Ein Ende der Militärregierung ist derzeit nicht absehbar. Angekündigte Wahlen wurden mehrfach verschoben. Der zuletzt genannte Termin (Mai 2019) stößt daher auf Skepsis.

WIRTSCHAFT

Bis zur asiatischen Wirtschafts- und Finanzkrise 1996 erlebte Thailand für knapp drei Jahrzehnte eines der fulminantesten Wirtschaftswunder der Welt, dank dessen es sich vom Status des Entwicklungslandes verabschieden konnte. Aufgrund eines Spar- und Reformprogrammes unter Leitung des IWF konnte das Land wieder hohe Zuwachsraten verzeichnen. Doch brach die Wirtschaft im Zuge der Finanzkrise und innerer Unruhen 2008/09 erneut ein und geriet durch die Verhängung des Kriegsrechts und den damit verbundenen Rückgang der Touristenzahlen 2014 erneut in Bedrängnis. Inzwischen steigen diese jedoch wieder. Der Fremdenverkehr ist eine der größten Devisenquellen des Landes. Nur knapp die Hälfte der Bevölkerung arbeitet in der Landwirtschaft, die hauptsächlich Reis, Tapioka sowie Kautschuk- und Kokosprodukte für den Export abwirft. Hoch profitabel sind die Trawlerflotte mit Fischfang und Meeresfrüchten sowie die zahlreichen Shrimpsfarmen. Die Tendenz geht stetig zu moderneren Wirtschaftszweigen, vor allem der Chemie- und Elektroindustrie.

UMGANGSFORMEN

Kurze Hosen gehören ausschließlich an den Strand und ins Hotelgelände. Die Schuhe sollten Sie in jedem Privathaus und müssen Sie in jedem Tempel ausziehen. Berühren Sie niemanden am Kopf und vermeiden Sie beim Sitzen, die Fußsohlen auf Menschen, Buddha- oder Königsstatuen zu richten. Das Königshaus gilt als tabu und eignet sich nicht als Gesprächsthema. Der traditionelle Gruß ist der *wai*, bei dem die aneinandergelegten Handflächen je nach sozialem Status des Gegenübers zur Brust oder zum Kopf gehoben werden. Mit einem freundlichen Kopfnicken und Hallo können die Thais auch sehr gut leben. Es gilt die Devise: Was man in seiner Privatsphäre tut, geht niemanden etwas an, was jemand jedoch in der Öffentlichkeit tut, geht alle an und unterliegt daher einem strengen Reglement.

GESCHICHTE IM ÜBERBLICK

7.–3. Jt. v. Chr. Archäologische Funde aus Ban Chiang lassen vermuten, dass ein austro-asiatisches Volk hier noch vor den Chinesen Reis anbaute und vor den Mesopotamiern Bronze schmiedete.

1. Jh. v. Chr. Die Dvaravati-Kultur setzt sich aus einer Reihe buddhistischer Stadtstaaten zusammen. Als Gründer gelten die Mon, wohl ein Mischvolk aus nordindischen Einwanderern und den Ur-Thais.

3.–6. Jh. Das älteste asiatische Reich, Funan, herrscht in Südostasien, Zentrum ist Zentralthailand.

7.–11. Jh. Die Khmer dringen von Osten bis nach Mittelthailand vor. Unter ihrem Einfluss vermischen sich Buddhismus und Hinduismus.

1238 Das Königreich Sukhothai wird gegründet, Wiege und gleichzeitig Blüte der thailändischen Kultur. Unter König Ramkhamhaeng entsteht wenig später eine Großmacht, deren Einfluss bis ins heutige Südthailand reicht und Teile von Laos und Birma umfasst.

Um 1290 Aus dem Zusammenschluss mehrerer Fürstentümer im Norden geht unter König Mengrai das Reich Lanna mit der Hauptstadt Chiang Mai hervor, das 1558 an die Birmanen fällt.

1351 Im Süden wird Ayutthaya gegründet. Der erste König Ramathibodi übernimmt das Prinzip eines Gottkönigs von den Khmer.

1431 Ayutthaya besiegt das Khmer-Großreich von Angkor und annektiert bald darauf Sukhothai.

1511 Eröffnung einer portugiesischen Botschaft. Im Lauf der nächsten 150 Jahre lassen sich alle europäischen Handelsmächte in Ayutthaya diplomatisch vertreten. Siam ist Weltmacht.

1767 Ayutthaya wird von den Birmanen zerstört. General Thaksin wird ein Jahr später in der provisorischen Hauptstadt Thonburi am Chao Phraya zum König gekrönt und beginnt mit dem rasanten Wiederaufbau des Reiches.

1782 General Chao Phraya Chakri lässt sich in der neuen Hauptstadt Bangkok als Rama I. zum ersten König der bis heute herrschenden Chakri-Dynastie ausrufen.

19. Jh. Die Könige Mongkut (Rama IV., 1851–1868) und Chulalongkorn (Rama V., 1868–1910) bescheren dem Land Reformen.

1932 Ein Militärputsch beendet die absolute Monarchie und erzwingt die Einrichtung einer konstitutionellen Monarchie.

1939 Aus Siam wird Prathet Thai (Thailand), das »Land der Freien«. Während des Zweiten Weltkriegs unterstützt Thailand Deutschland und Japan, wechselt aber rechtzeitig die Fronten.

Nach 1945 Thailand bleibt auf antikommunistischem Kurs, fest mit Japan und den Westmächten liiert. Zahlreiche Militärputsche und wechselnde Regierungen bestimmen die Innenpolitik.

1973 Als Studenten im Herbst auf die Straße gehen, lässt General Kittikachorn auf sie schießen, rund 70 Menschen sterben. Massenunruhen führen zum Sturz des Regimes.

1976 Nach einem Militärputsch fliehen Studenten und Oppositionelle in den Untergrund.

1991/92 Nach erneutem Staatsstreich und Ernennung von General Suchinda zum Premierminister kommt es im Mai 1992 zu blutigen Demonstrationen. Suchinda tritt ab.

1997/98 Thailand wird Auslöser und erstes Opfer der Asien-Krise; in wenigen Monaten verliert der Baht die Hälfte seines Werts.

2001 Die erst Ende 1998 gegründete Partei Thai Rak Thai (»Thais lieben Thais«) heimst einen überwältigenden Wahlerfolg ein. Der Multimillionär Thaksin Shinawatra wird Premierminister (2005 bestätigt), verstrickt sich aber in Amtsmissbrauch und Vetternwirtschaft.

2004 Am 26. Dezember fordert ein Tsunami an der Andamanenküste Tausende von Todesopfern.

2006 Anfang des Jahres erzwingen Demonstrationen gegen Thaksin Neuwahlen, die er wieder »gewinnt«. Später übernimmt das Militär während eines Auslandsaufenthaltes Thaksins die Macht.

2007 Die People's Power Party (PPP, Nachfolgepartei von Thaksins TRT) gewinnt die Wahlen und teilt sich die Macht mit mehreren kleinen Parteien. Samak Sundaravej wird Premierminister.

2008 Samak wird entlassen. Das Parlament wählt Somchai Wongsawat (PPP) zum Premierminister. Der Konflikt zwischen Anhängern Thaksins (rote Hemden) und Kö-

Warten auf den Besuch des Königs

nigstreuen (gelbe Hemden) eskaliert. Das Verfassungsgericht verbietet die PPP wegen Wahlbetrugs und zwingt damit Premier Somchai zum Rücktritt. Oppositionsführer Abhisit Vejjajiva (Demokratische Partei) bildet eine Koalition.

2010 Im Frühjahr kommt es in Bangkok erneut zu Unruhen.

2011 Nach Parlamentswahlen wird Yingluck Shinawatra, Schwester von Thaksin Shinawatra, Premierministerin Thailands.

2014 Nach Yinglucks Absetzung durch das Verfassungsgericht wegen Machtmissbrauch übernimmt das Militär die Macht und installiert General Prayuth Chanocha als Premierminister.

2016 50 Tage nach dem Tod von König Bhumipol (13. Okt.) wird Kronprinz Maha Vajiralongkorn Bodindradebayavarangkun zum Nachfolger ausgerufen.

2018 Glückliche Rettung eines jugendlichen Fussballteams aus der überfluteten Tham-Luang-Höhle.

NATUR & UMWELT

Fast 300 Säugetierarten leben in den Wäldern des Landes, darunter Tiger, Leoparden, Kragenbären, Gibbons sowie eine der größte Populationen asiatischer Elefanten. Über 1000 Vogel- und 1200 Schmetterlingsarten sind hier wissenschaftlich erfasst worden.

An den Küsten wurden Schutzgebiete für Mangrovenwälder, Meeresschildkröten und Seekühe eingerichtet. Noch immer besitzt das Land ausgedehnte Korallenriffe, eine bunte Unterwasserwelt, die respektable Tauchreviere bietet.

Die riesige Nord-Süd-Ausdehnung von rund 1500 km und Höhenunterschiede von über 2500 m bedingen mehrere Vegetationszonen, darunter tropische Regenwälder, Bambus- und Monsunwälder sowie Mangroven; alles in allem wachsen hier mehr als 500 Baumarten. Einen einsamen Rekord hält Thailand schließlich mit einem Bestand von 27 000 Blumenarten, darunter über 1000 Orchideen.

Von den Primärwäldern existieren allerdings nur noch knapp 2 %. In den aufgeforsteten Sekundärwäldern herrscht Artenarmut. Viele Tierarten sind durch Umweltschäden und Wilderer vom Aussterben bedroht, das maritime Leben ist durch Gift- und Dynamitfischerei, Unterwassertourismus und klimatische Veränderungen in Mitleidenschaft gezogen. Thailand hat zwar

Im Regenwald Nordthailands

auf 12 % der Landesfläche über 100 Nationalparks und Tierreservate geschaffen, doch Streitigkeiten um deren Spielregeln und Grenzen haben auch viele dieser Gebiete geschädigt.

Internationale Proteste, mutige Einzelaktionen, aber auch Einbrüche im Tourismus haben das Bewusstsein geschaffen, dass der Erhalt des nationalen Naturerbes langfristig lukrativer ist als rücksichtsloser Raubbau. »Wir lassen nichts zurück außer unseren Fußabdrücken, wir nehmen nichts mit außer unseren Erinnerungen«, lautet das Motto moderner Tourenorganisatoren. Die positiven Auswirkungen des Leitthemas werden Ihnen spätestens klar, wenn Sie sich in Khao Yai plötzlich von einer Herde tatsächlich wilder Elefanten oder im brusttiefen Wasser vor Ko Phi Phi von Schwärmen fantastisch bunter und zutraulicher Korallenfische umgeben sehen.

DIE MENSCHEN

DIE THAI

Rund 80 % der Einwohner gehören zur ethnischen Gruppe der Thais. Vier Untergruppen lassen sich unterscheiden, die ganz eigene Dialekte sprechen, teilweise verschiedene Sitten und Gebräuche pflegen und nach eigener Einschätzung auch in Temperament und Charakter voneinander abweichen. Insgesamt also ein kompliziertes Gemisch recht gegensätzlicher Naturen mit ausgeprägtem Lokalpatriotismus.

Als **Mittelthais** bezeichnet man die Reisbauern des Chao-Phraya-Deltas, der am dichtesten besiedelten Region des Landes, zu der die kleinen Provinzen rund um Bangkok (im Norden bis nach Nakhon Sawan) gehören. Ihr Dialekt ist heute Amtssprache, aus ihren Reihen stammt die Königsfamilie und vieles von dem, was als landestypisch bezeichnet wird.

Die **Nordthais** kommen wegen ihres hellen Teints und ihrer chinesisch anmutenden Gesichtszüge dem thailändischen Schönheitsideal besonders nahe. Gern weisen sie darauf hin, dass die Wiege Thailands bei ihnen stand und Chiang Mai bereits eine blühende Großstadt war, als es Ayutthaya und Bangkok noch gar nicht gab.

Die Arbeiter und das millionenstarke Servicepersonal, die Bangkok am Laufen halten, gehören zum Volk der **Lao** und stammen aus dem Nordosten. Ihre Heimat ist die armste und unfruchtbarste Region des Landes. Ihr selbst gewählter Name »Lao« kommt nicht von ungefähr, denn tatsächlich sind sie sprachlich wie kulturell eng mit dem Nachbarvolk verwandt.

Die **Südthais** wirken um einiges temperamentvoller als die anderen Volksgruppen. Bei den Wahlen stimmt Südthailand als einziger Landesteil überwiegend für Linksparteien; hier ist auch die Öko-Bewegung am aktivsten. In den Provinzen nahe der malaysischen Grenze stellen Muslime über

80 % der Bevölkerung. Die Andersgläubigen gegenüber tolerant eingestellten Menschen führen seit Jahrzehnten mit der Zentralregierung einen Kampf um mehr Integration, größere Autonomie und bessere Bildungschancen.

CHINESEN

Mit 11 % Bevölkerungsanteil stellen Chinesen die stärkste ethnische Minderheit. Die meisten leben in zweiter oder dritter Generation hier, fühlen sich als Thais und sprechen kaum Chinesisch. Sie dominieren das Geschäftsleben, und beim Einkaufen werden Sie in vielen Läden chinesische Hausaltäre oder rote Bänder mit chinesischen Schriftzeichen sehen.

DIE BERGVÖLKER

Die **Lahu** waren einst die berühmtesten Jäger der Region. Die Überjagung der Wälder erschütterte jedoch ab den 1950er-Jahren das Sozialgefüge nachhaltig. Einige Lahu-Frauen tragen noch einen schwarzen Umhang mit diagonal verlaufenden weißen Streifen, die Ärmelenden sind leuchtend rot und gelb bestickt. Es gibt nur noch wenig intakte Lahu-Dörfer in Thailand, und deren Bewohner sind meist sehr scheu.

Die **Akha** leben noch heute überwiegend von Ackerbau und Viehzucht in Höhen ab 1000 m. Sie folgen einer hochkomplizierten Lebensphilosophie, in deren Mittelpunkt ein intensiver Ahnenkult steht. Die Kultur der Akha ist in hohem Maße bedroht. Man betritt ihre Dörfer durch Zeremonialtore, deren Verzierungen und Objekte keinesfalls berührt werden dürfen. Mit Perlenketten und Silbermünzen besonders auffällig ist der kunstvolle Kopfputz der Frauen.

Die **Lisu** sind ein Volk von Individualisten. Durch Aufgeschlossenheit für alles Neue haben sie sich gut an moderne Zeiten angepasst. In ihren Dörfern haben sich nach dem Zweiten Weltkrieg illegal zahlreiche Chinesen angesiedelt. Um den örtlichen Behörden zu entgehen, übernahmen diese Sprache, Habitus und Kleidung der Lisu.

Die **Hmong** sind in Klans aufgespalten. Dank straffer Organisation haben sie ihre traditionellen Lebensformen gut bewahren können. Sie waren auf Seiten aller beteiligten Parteien in sämtliche indo-chinesischen Kriege verwickelt. Die Frauen der Blauen Hmong tragen kunstvoll bestickte Faltenröcke mit horizontal verlaufenden roten, blauen und weißen Streifen. Die Jacken sind aus schwarzem Satin, mit breiten, orange und gelb bestickten Ärmeln und Aufschlägen. Die Männer tragen weite schwarze Hosen mit bunten Bauchschärpen und bestickten Jacken. Die Frauen behängen sich auch im Alltag mit viel klimperndem Silberschmuck, der Geister fern hält.

Bei den **Mien** sind Stickereien und Silberschmiedearbeiten unübertroffen. Sie verwenden bis heute chinesische Schriftzeichen und leben nach einem taoistischen Wertesystem, das ständige Harmonie und ein allgemeines Anstandsgebot beinhaltet.

Die **Karen** besiedeln die unteren Höhenlagen entlang der gesamten Westgrenze. Sie zerfallen in mehrere Unterstämme mit jeweils eigenen Sprachen, die buddhistischen, christlichen oder animistischen Glaubens sind. Eine dieser Gruppen kämpft von thailändischem Boden aus noch immer um einen eigenen Staat in Myanmar. Das Spektrum der Karen reicht von westlich wirkenden Stadtbewohnern zu Dorfgemeinschaften auf abgelegenen Dschungellichtungen. Aus Letzteren stammen die berühmtesten Mahouts (Elefantenführer) von Südostasien.

GLAUBENSWELTEN

95 % der Thais sind Anhänger des Theravada-Buddhismus, der ältesten buddhistischen Glaubensrichtung.

Als einzige gründet sie ihren Ursprung direkt auf die Lehre des Gautama Buddha (6. Jh. v. Chr.). Im Mittelpunkt des Theravada stehen folgende Annahmen: Alle Daseinsformen sind vergänglich und unvollkommen. Leben bedeutet Leiden. Jede Existenz ist an das Rad der Wiedergeburt gebunden, muss nach dem Tod in einem neuen Leben wiedererstehen. Neues Leben bedeutet neues Leid. Ursache des Leidens ist die Begierde. Die vollständige Überwindung der Begierde beendet das Leiden und führt zum endgültigen losgelösten Zustand des Nirvana.

Junge buddhistische Mönche beim Zeichnen im Wat Pho

DIE WEGE ZUM NIRVANA

Der einfachste Weg besteht in der Einübung des **Edlen Achtfältigen Pfades**. Dessen Bestandteile sind individuelle Eigenschaften wie das Loslösen von weltlichen Genüssen und egoistischen Bedürfnissen, geübt werden müssen aber auch Aufmerksamkeit, Anstrengung und Konzentration.

In diesem Training, das insbesondere auch die Meditation beinhaltet, liegt eine der wichtigsten Aufgaben der **Klöster**. Viele Tempel unterhalten daher eigene Schulen, denen gleichzeitig eine wichtige soziale Rolle zufällt. Arme Familien schicken nämlich einen oder mehrere Söhne bereits im Kindesalter als Novizen ins Kloster, wo sie bei freier Kost ihre Schulausbildung erhalten.

Zu den **Wesenszügen** eines echten Buddhisten gehören u. a. grenzenloses Mitleid mit allen Geschöpfen, Barmherzigkeit, Toleranz, Gleichmut und viele gute Taten, mit denen man das Schicksal im nächsten Leben positiv beeinflusst und Verdienste erwirbt, z. B. durch die Opfergaben in die Schalen der Mönche bei deren morgendlicher Almosenrunde, durch Meditation und Leben in einem Kloster, durch Spenden an die Klöster oder durch eine Andacht im Tempel. Die Buddhastatue dient nur als formaler Rahmen, auch wenn sie von Gläubigen über und über mit hauchdünnen Goldblättchen beklebt wird. Sie kann genauso wenig angebetet werden wie Buddha selbst, der ja, wie jeder Thai sehr wohl weiß, auch nur ein Mensch war.

 MAGIE: VON GEISTERN UND AMULETTEN

Sie werden in Thailand kein Gebäude ohne **Geisterhäuschen** oder wenigstens einen Hausaltar finden. Hier wird den Ortsgeistern gehuldigt, die von alters her als die eigentlichen Besitzer eines jeden Platzes gelten. Täglich werden sie mit kleinen Gaben verwöhnt. Sie durch Missachtung zu verstimmen und solchermaßen Feuer, Erdrutsch oder andere Katastrophen heraufzubeschwören, gilt schlichtweg als unvernünftig.

Nun gibt es viele Geister und noch mehr Gefahren, die gebannt werden wollen, entsprechend hoch fällt die Zahl der möglichen Zauber aus. Da es sich an greifbare Dinge leichter glauben lässt, wird die jeweilige Magie vorzugsweise in kleine **Amulette** gebannt. Der Preis besonders wirkungsvoller Stücke geht in die Millionen, Nutznießer sind oft als zauberkundig geltende Mönche, die wiederum manche Klöster in hochprofitable Manufakturen für magische Artefakte verwandelt haben. Da gibt es Zauber gegen Flugzeugabstürze (sehr teuer, kommt für Sie nicht in Frage), gegen Geschosse oder Messerstiche, oder, unter Seeleuten beliebt, solche, die Salz- in Süßwasser verwandeln. All dies hat, wohlgemerkt, genauso wenig mit Buddhismus zu tun wie die **Schutztätowierungen** in Form blauschwarzer Muster und Inschriften, die Sie bei manchen Thais bemerken werden.

KUNST & KULTUR

Das Abendland assoziiert Thailand mit goldenen Pagoden und grazilen Tänzerinnen, Elementen, die zwar vorhanden, im Bewusstsein der heutigen Bewohner aber nicht vorherrschend sind, wenn es um das Selbstverständnis ihrer Kultur geht.

Die meisten Thais haben von ihren Stilepochen oder den ritualisierten Figuren der Schreintänzerinnen nur verschwommene Vorstellungen. Schließlich handelt es sich dabei um Dinge, die zu königlichen Genüssen und nicht etwa zu Volkes Freude ersonnen wurden.

TEMPELARCHITEKTUR

Der typische Tempel *(wat)* umfasst eine Ordinationshalle *(bot)* sowie eine nicht festgelegte Zahl von Versammlungshallen *(viharn)* und turmartige Bauten zur Aufbewahrung von Reliquien *(chedis,* im Norden auch *that,* im indischen Stil *stupas* genannt). Der den Mönchen vorbehaltene Bot ist von acht Markierungssteinen *(sema)* umgeben und oft nur dadurch von den Viharn zu unterscheiden. In der Mitte von Tempeln der Khmer-Epoche steht immer ein Turm *(prang)* mit einem heiligen Phallus *(lingam).*

Die Durchdringung buddhistischer Thai- und hinduistischer Khmer-Kultur ab dem 10. Jh. brachte einige Hinduelemente dauerhaft in Thailands Ikonografie ein. Häufig anzutreffen sind der vierarmige Vishnu, der Garuda (halb Mann, halb Vogel), sein weibliches Pendant Kinnari, der achtarmige Shiva, der elefantenköpfige Ganesh, der dreiköpfige Elefant Erawan, Geister bannende Yak-Riesen und die vielköpfige Naga-Schlange.

Die vier symbolträchtigen Grundpositionen der Buddhastatuen sind: in Meditation sitzend, im Sterben (ins Nirvana übergehend) liegend, stehend und schreitend. Diese Positionen werden mit verschiedenen typischen Handhaltungen zusätzlich variiert.

MUSIK

Thailands traditonelle Musik klingt in westlichen Ohren recht schräg, da sie auf die uns vertrauten Halbtonschritte verzichtet. Das klassische Orchester *pii phaat* spielt auf Holzblas- und Saiteninstrumenten, Trommeln, Gongs sowie einer Art Xylophon. Volkes Stimme findet Ausdruck im *maw lam,* einem nur spärlich instrumentierten Sprech-

---

💬 **STILEPOCHEN**

Dvaravati: 6.–11. Jh./Zentral-
  thailand
Srivijaya: 8.–13. Jh./Südthailand
Khmer/Lopburi: 10.–14. Jh./
  Zentral- und Nordostthailand
Sukhothai: 13.–15. Jh./Sukhothai
Lanna: 13.–16. Jh./Nordthailand
Ayuttlaya: 14.–18. Jh.
Rattanakosin: ab spätem 18. Jh.

gesang, dessen moderne Weiterentwicklung *luuk thung,* z. T. mit Big Band, sehr beliebt ist. In den letzten Jahren hat sich darüberhinaus auch eine dynamische Rockszene entwickelt.

THEATER

Das klassische *khon*-Tanzdrama führte bei Hofe Inszenierungen des indischen Heldenepos *Ramayana* bzw. dessen thailändischer Variante *Ramakien* auf. Die modernen Formen, wie Sie sie auch bei den Tanzshows erleben, tragen den Oberbegriff *lakhon.* Insbesondere das *lakhon chatri* wird noch häufig bei Tempelfesten und an Schreinen vorgetragen. Das derbe, oft zotige und mit Slapstick-Einlagen durchsetzte Volkstheater heißt *like.* Das Schattenspiel *nang thalung* stammt aus dem Süden und ist nur noch dort zu finden.

TRADITIONELLE SPORTARTEN

Die großen Thaiboxkämpfe in den Bangkoker Stadien Lumpini und Ratchdamnoen begeistern täglich die Nation, und ohne Zögern würden die meisten Thais den rabiaten Kampfsport als eines der höchsten Kulturgüter ihres Landes nennen. Eng mit diesem verwandt ist *krabi krabong,* der Kampfsport der königlichen Wachen unter Verwendung von Schwertern und Speeren.

Zu den Breitensportarten zählt das *sepok takraw,* bei dem sich zwei Mannschaften zu je drei Leuten einen Bambusball ohne Verwendung der Hände über ein Netz zuspielen – schnell und elegant. Gespielt wird z. B. im Bangkoker Lumpini Park; die beste Zeit zum Beobachten ist dort gegen 17 Uhr.

FESTE & VERANSTALTUNGEN

Jede Provinz und jeder Tempel feiert einmal jährlich ein Fest. Dazu kommen gesetzliche und religiöse Feiertage und lokale Feste. Im Folgenden finden Sie die wichtigsten und schönsten Feste. Die Termine der nach dem Mondkalender berechneten Feiertage ändern sich jedes Jahr – genaue Auskünfte sind beim Thailändischen Fremdenverkehrsamt zu bekommen.

FESTKALENDER

1. Januar: Neujahr. Gesetzlicher Feiertag.
Januar/Februar: Chinesisches Neujahr. Die Völker der Mien, Lisu und Lahu feiern ihre Neujahrsfeste von Dorf zu Dorf an verschiedenen Tagen, aber alle ungefähr zum gleichen Zeitpunkt. Trekkling im Norden ist daher zu dieser Zeit ganz besonders attraktiv.

1. Februarwoche: Chiang Mai feiert sein **Blumenfest** mit Umzügen und großem Rummel.
Vollmondnacht des dritten Mondmonats: Magha Puja, zum Gedenken an eine berühmte Predigt Buddhas. Am Abend veranstalten deswegen alle Tempel in Thailand feierliche Kerzenprozessionen.

Erste Aprilhälfte: **Poi Sang Long** in Mae Hong Son. Knaben der Shan-Minorität werden prunkvoll gekleidet, geschminkt und nach festlicher Prozession ordiniert – ein äußerst farbenprächtiges, ursprüngliches Spektakel.

6. April: Chakri-Tag. Gesetzlicher Feiertag zum Gedenken an Rama I., den Gründer der Chakri-Dynastie.

Ca. 10. bis 20. April: Songkran, das thailändische Neujahr (Höhepunkt am 13.) ist das wichtigste Fest des Landes. Zur heißesten und trockensten Zeit des Jahres herrscht bei regelrechten Wasserschlachten eine Art Ausnahmezustand.

1. Mai: Tag der Arbeit. Gesetzlicher Feiertag

2. Maiwoche: Königliche Pflugzeremonie. Auf dem Sanam Luang in Bangkok leitet der König mit einem brahmanischen Ritual die Zeit der Reissaat ein.

Vollmond im Mai: Visakha Puja. Landesweit Tempelfeste zum Gedenken an Buddhas Geburt, Erleuchtung und Eingang ins Nirvana.

28. Juli: Geburtstag des Königs Vajiralongkorn

Vollmond im Juli: Asaha Puja. Zum Gedenken an Buddhas erste Predigt Kerzenprozession in allen Tempeln.

Am Tag nach Asaha Puja: Khao Pansa. Beginn der buddhistischen Fastenperiode. Für drei Monate ziehen sich die Mönche in die Tempel zurück. Traditionell die beliebteste Ordinationszeit.

12. August: Geburtstag der Königinwitwe und nationaler Muttertag. Gesetzlicher Feiertag.

September/Oktober: Vegetarierfest auf Phuket > S. 96.

September, Oktober und November: Zum Ende der Regenzeit und der buddhistischen Fastenzeit finden in verschiedenen

Das thailändische Neujahrsfest Songkran

Provinzen **Langbootrennen** statt; manche Boote haben die Größe königlicher Barken.

13. Oktober: Todestag von König Bhumipol.

23. Oktober: Chulalongkorn-Tag, Todestag Ramas V., der noch immer besondere Verehrung genießt; gesetzlicher Feiertag.

November-Vollmond: Loy Krathong, das Lichterfest, ist eines der wichtigsten Feste des Landes. Landesweit setzen die Thais kleine Schiffchen mit Räucherstäbchen, Kerzen und Opfergaben auf Flüsse, Kanäle und Seen – für die Göttin des Wassers.

Ende November: Elefanten Round-up in Surin > S. 143.

November/Dezember: River-Kwai-Woche in Kanchanaburi mit nächtlicher Sound- & Lightshow an der »Todesbahn«.

5. Dezember: Nationaler Vatertag, der auf den Geburtstag des verstorbenen Königs Bhumipol fällt.

10. Dezember: Verfassungstag. Gesetzlicher Feiertag.

31. Dezember: Silvester. Gesetzlicher Feiertag.

ESSEN & TRINKEN

Der stete Boom an thailändischen Restaurants, Kochbüchern und Kursen (› Seitenblick S. 52) auch in unseren Breiten beweist es: Die Thai-Küche zählt zu den besten der Welt.

Zwar gibt es auch viele sehr milde Gerichte, was aber als scharf bezeichnet wird, ist es auch wirklich. Bestes »Löschmittel« für den Gaumen ist nicht Wasser, sondern Reis.

REIS UND REISGERICHTE

Das Grundnahrungsmittel Reis gibt es als weißen Reis *(khao suay),* der hauptsächlich in Mittel- und Südthailand gegessen wird, sowie als Klebreis *(khao nieo),* den man im Norden und Nordosten bevorzugt. *Khao-suay-* Gerichte werden mit dem Löffel gegessen, wobei eine Gabel in der linken Hand die Portionen auf den Löffel schiebt. Gerichte mit Klebreis isst man mit der rechten Hand, die den Reis zu kleinen Bällchen formt. Das Geheimnis des typischen Duftes und Beigeschmacks vieler Thai-Gerichte: frische Korianderblätter *(phak chee)* und Zitronengras. Bei Europäern besonders beliebt ist gebratener Reis *(khao phat),* das einzige Gericht, bei dem Reis mit anderen Zutaten vermischt wird.

VIELFÄLTIGE BEILAGEN

Sonst werden die Speisen separat zubereitet, über den Reis gegeben oder dazu gereicht. Standards sind *phat phrik bai kraphao:* mit Chili und Basilikum gebraten, *prieo waan:* Süß-saures, *nam man hoy:* mit Austernsoße.

Garantiert leckeres Essen gibt's in den zahlreichen Garküchen

In die gehobenere Klasse gehören die sauer-scharfen *tom-yam-* und *tom-kha-*Suppen sowie die sauer-scharfen Salate *(yam)*. Das typische Aroma der *Tom-*Suppen rührt von den Limettenblättern *(bai makhruut)*, dem Zitronengras *(takhrai)* und den Galgantwurzeln *(kha)*, die nicht mitgegessen werden.

Wirklich raffiniert wird die Thai-Küche bei den auf der Basis von Kokosnussmilch zubereiteten Currys. *Kaeng karee:* mild mit Kartoffeln; *kaeng massaman:* süß und schwer mit Erdnüssen; *kaeng phet:* leicht und scharf; *kaeng khieo waan:* grünlich, süffig, sehr scharf.

Zu den mit Klebreis gereichten Standardgerichten zählen *gai yang*, gegrilltes Huhn; *laap*, scharfer Fleischsalat mit Minze; *somtam*, scharfer Papayasalat mit Krabben, und *suup naw mai*, scharfer Bambussalat.

NUDELGERICHTE

Nudeln gibt es in drei Varianten: dünne Reisnudeln *(khwitthio sen lek)*, dickere, nahrhaftere *khwitthio sen yai* sowie gelbe Eiernudeln *(bamee)*. Sie können die Nudeln gebraten *(phat)* sowie gekocht mit Brühe *(naam)* oder ohne Brühe *(haeng)* haben. Gängige Einlagen sind *luuk jin*, Fleisch- bzw. Fischbällchen, *gieo,* mit Fleisch gefüllte Teigtaschen, *mu daeng,* rötlich marinierte Schweinefleischscheiben, sowie Hühner-, Rinder- und Entenfleisch. Dazu gibt es Sojasprossen und anderes Gemüse. *Khanom jin* sind dünne, kalte Reisnudeln mit Fleischsauce und Salat, *phat thai* schmackhafte, leicht süße Bratnudeln mit Erdnüssen. *Yam wun sen* ist ein sehr scharfer kalter Nudelsalat. Zum Nachwürzen gibt es Chilis sowie Essig, Zucker und Fischsauce *(nam pla)*, die generell als Salzersatz verwendet wird. Nudelsuppen werden stets, andere Nudelgerichte oft mit Stäbchen gegessen.

FRÜCHTE

Neben bekannten tropischen Früchten wie Ananas, Papaya oder Mango gibt es etliche exotischere Obstsorten. Im Inneren der furchtbar stinkenden Durian, einer großen stacheligen Frucht, befinden sich schleimig-gelbe Klumpen mit einem intensiven Geschmack, der irgendwo zwischen mildem Käse und alkoholischem Vanillepudding liegt. Die Mangosteen *(mangkut)*, eine tomatengroße violette Frucht, hat saftiges weißes Fleisch. Büschelweise warten Rambutan *(luuk ngaw)*, rot, pflaumengroß mit langen weichen Stacheln, und Longan *(lamyai)*, kleine braune Murmeln, auf Käufer. Die Jackfruit *(khanun)*, riesig und grün genoppt, enthält gelbe Samen mit kräftigem, leicht muffigem Aroma. Der Rosenapfel *(chomphoo)*, unserem Apfel ähnlich, ist weiß über grün bis rot; je heller er ist, desto süßer schmeckt er.

SÜSSES

Auf der Basis von Eiern, Bananen, Kokos und Klebreis gibt es Puddings, Kuchen sowie Eiskrem. Westlichen Besuchern schmeckt besonders *foy thong*, süße Eierfäden, zu Bällchen gesponnen, sowie *khanom luuk chup,*

LUKULLISCHE GENÜSSE

- **Gaggan** in Bangkok serviert die beste progressive indische Küche in Thailand, seit 2018 mit zwei Michelinsternen gekrönt. ⟩ S. 71
- **Bo.lan** in Bangkok ist ein nachhaltig geführtes Restaurant, das auf streng organisch produzierte Zutaten schwört und dessen Klassiker der königlichen Thaiküche nun ein Michelinstern ziert. ⟩ S. 71
- **Krua Apsorn** in Bangkok serviert fabelhafte Thai-Küche ohne Kompromisse, u. a. traumhafte Currys. ⟩ S. 72
- **Nang Gin Kui** serviert in einer Privatwohnung in Bangkok mit Flusspanorama fabelhafte Thai-Köstlichkeiten. ⟩ S. 72
- **Baan Rim Pa** auf Phuket bietet leckere Thai-Küche und einen herrlichen Ausblick. ⟩ S. 98
- **Anchalee** gilt mit seinen himmlischen Currygerichten als bestes Thai-Restaurant in Krabi. ⟩ S. 103
- **Sa Bieng Lae** serviert köstliche Spezialitäten von Ko Samui in schlichtem Dekor, dafür zu Spottpreisen. ⟩ S. 109
- **Aroonrai** in Chiang Mai ist die beste Wahl für preiswerte und authentische nordthailändische Küche. ⟩ S. 121
- Im **Tharaburi Resort** in Sukhothai gibt es ausgezeichnete Thai-Küche. ⟩ S. 133
- Der **Nachtmarkt** von Khorat lockt mit köstlichen nordöstlichen Spezialitäten des Isaan. ⟩ S. 142

mit Gelee überzogene Kokosmasse, die an mildes Marzipan erinnert.

GETRÄNKE

Das Lieblingsgetränk der Thais ist kaltes Wasser *(naam yen)*. Kaffee *(kaafae)*, Tee *(naam chaa)*, Limonade *(naam adlom)*, Bier *(bia)* und diverse Brandys *(lao)* sind allerorten erhältlich. Auch Fruchtsäfte: pur *(naam khan)* oder mit Eis und Sirup *(naam pan)* verquirlt.

GARKÜCHEN

Die besten und preiswertesten Mahlzeiten erhalten Sie am Straßenrand. Dort kochen Hausfrauen aus frischen Zutaten Gerichte, die sie gut beherrschen, und laufen damit professionellen Köchen oft den Rang ab. Es gibt nur das, was Sie sehen – ganz ohne Sprachproblem wählen Sie einfach mit dem Finger aus.

Bestimmte Gerichte, deren Herstellung sich nur bei großen Mengen lohnt, werden ausschließlich von Garküchen angeboten, z. B. gedämpftes Huhn *(khao man kai)* und gefüllte Hefeklöße *(salaphao)*, die pikant *(khem)* oder süß *(waan)* zu haben sind. Das Erscheinungsbild der Garküchen mag Ihnen dubios erscheinen, doch hier geschieht alles vor Ihren Augen. Wer länger im Land lebt, vertraut den Straßenköchen meist bedingungslos.

RESTAURANTS

Meiden Sie besser Restaurants mit geschlossenen Türen, getönten Scheiben und Livemusik – sie sind für die Thais Austragungsort sozial motivierter Besäufnisse. Das Essen ist dort nicht unbedingt gut, aber bestimmt teuer. In der Provinz fragt man am besten den Hotelmanager nach einem Tipp. In den Touristenzentren hingegen bieten die Thai-Restaurants der Top-Hotels zuverlässig gutes bis sehr gutes Essen zu entsprechenden Preisen. In Bangkok, Pattaya, Chiang Mai, Phuket, Ko Samui findet man auch viele internationale Restaurants.

SHOPPING

SEIDE
Thai-Seide ist etwas gröber als chinesische, das Besondere jedoch sind eingewebte Goldfäden und sehr aufwendig produzierte Muster. Vorzügliche Qualität finden Sie in Bangkoks Old Siam Plaza › S. 66, in Chiang Mai sowie in Khorat und Surin.

KUNSTHANDWERK
Die schönsten Lackarbeiten stammen aus Myanmar und werden u. a. auf dem Grenzmarkt von Mae Sai/Tachilek › S. 129 angeboten. Im Süden werden viele Möbelstücke und Alltagsgegenstände mit Perlmutt dekoriert, besonders in der Gegend um Phuket. Silberarbeiten werden vorwiegend um Nakhon Si Thammarat (südlich von Ko Samui) hergestellt. Hier wurde die Niello-Technik perfektioniert: In Silber geritzte Muster werden mit einer schwarzen Legierung ausgefüllt. Das grünblaue Porzellan Seladon wurde während der Sukhothai-Periode überall in Asien verkauft. Die besten Geschäfte finden Sie in Chiang Mai.

ANTIQUITÄTEN
Fälschungen sind zahlreich, und die wenigen echten Stücke stammen nicht selten aus Diebstählen. Laien sollten die Finger davon lassen. Für die Ausfuhr braucht man eine Erlaubnis des Fine Arts Department, Buddhafiguren (Amulette ausgenommen) dürfen gar nicht ausgeführt werden. Seriöse Händler haben die zu ihren Stücken passenden Dokumente bzw. kümmern sich um deren Beschaffung.

EDELSTEINE
Rubine, Saphire, Topase, Jade und Andamanen-Perlen verlocken zum Kauf. Die oft in imposanten Geschäften angebotenen Steine sind zwar meist keine Fälschungen, aber dennoch völlig minderwertig. Laien sollten daher unbedingt auf einen Kauf verzichten. In Bangkok können Sie Steine bei der Thai Gem & Jewelry Traders Association (Tel. 0 2235 3039) schätzen lassen. Im Betrugsfall kann allerdings höchstens noch die Touristenpolizei weiterhelfen. › mehr S. 19 Punkt **50**

KÜCHENZAUBER UND GAUMENFREUDEN

In der Chiang Mai Cookery School lernt man einiges rund um die Thai-Küche

Die thailändische Küche feiert weltweite Triumphe. In den USA gibt es bereits einen thailändischen Fernsehkoch, Siam Restaurants sind in Australien und Kanada allgegenwärtig, in Europa auf dem Vormarsch und in Japan en vogue. Wem es im Urlaub besonders mundet, möchte seine Ferien vielleicht durch einen Kochkurs bereichern. Für einen bleibenden Gewinn allerdings gilt es manches zu beachten. Und dann kann's losgehen zu Hause!

EINKAUFSTRAINING

Wichtigster Bestandteil eines Kochkurses – darauf gilt es zu achten – bleibt der gemeinsame Gang über den Markt. Welche Chilis für welchen Zweck? Wie duftet wirklich frischer Koriander? Woran erkennt man eine gute Currypaste? Wer an solchen Fragen scheitert, wird auch mit der besten Literatur kein Thai-Koch. Und wer solche Fragen nicht beantwortet, ist auch im schönsten Ambiente kein guter Kochlehrer.

Die Zutaten übrigens – da dürfen Sie ganz unbesorgt sein – sind heutzutage in allen deutschen Großstädten fast immer in tadelloser Qualität erhältlich.

MACHEN SIE EINE HANDBEWEGUNG ...

Manches wird millimeterfein geschnitten, anderes grob zerhackt, und vieles scheinbar lieblos zerrupft oder geknickt – doch alles hat seine spezielle Bewandtnis. Schauen Sie dem Lehrer genau auf die Finger. Thai-Küche hat wenig mit buddhistischer Philosophie, aber viel mit Technik und Ökonomie zu tun. Kochlehrer brauchen keine Sprachgenies zu sein (und die Schüler auch nicht).

FÜR STUMPFE GAUMEN UND FLINKE FINGER

In der separaten Disziplin »Food Carving« sind die Thais ungeschlagene Weltmeister. Wer sich bereits beim Anrühren einer Tütensuppe überfordert fühlt, mag seine Mitmenschen vielleicht dennoch mit Rosen aus Tomaten oder Seepferdchen aus Möhren beeindrucken – und sich selber einen ganz neuen Zugang zu kulinarischen Gefilden verschaffen.

KOCHBÜCHER FÜR THAI-KÜCHE

Sie füllen in deutschen Buchhandlungen bereits viele Regalmeter. Mit einer umfangreichen Rezeptsammlung brauchen Sie sich also für die Heimreise nicht belasten. Thai-Gerichte benötigen meist auch nur wenige Zutaten: Der Pfiff liegt im Gleichgewicht der Geschmacksrichtungen sauer, scharf und süß. Diese zu beurteilen und herzustellen erfordert dreierlei – routinierte Esser, eine profunde Kenntnis der erforderlichen Zutaten und gekonnte Handgriffe.

- **Einfach thai! Der entspannte Weg zu Tom Kha Gai, Pad Thai & Co**
  Meisterkoch Tom Kime versammelt klassische, aber auch bisher eher unbekannte Gerichte. Sehr schön illustriert (Knesebeck Verlag 2017).
- **Thaiküche (Themenkochbuch)**
  Koch- und Erlebnisbuch, das das echte, kulinarische Thailand in all seinen Facetten zeigt (Gräfe & Unzer, 2011).

KOCHKURSE IN BANGKOK

- **Oriental Hotel** > S. 70
  Die Kochschule des Luxushotels vermittelt in ein- oder mehrtägigen Kursen einen Einblick in die Thai-Küche.
  Tel. 0 2236 0400
  www.mandarinoriental.com/bangkok
- **Thai House** C6
  In der stimmungsvollen Umgebung eines traditionellen Holzhauses in den Klongs von Nonthaburi, 22 km vor den Toren Bangkoks, lernt man in 2 oder 4 Tagen Currys, Suppen und allerlei anderes zu zaubern.
  Tel. 0 2903 9611, 0 2997 5161
  www.thaihouse.co.th
- **May Kaidee's Vegetarian Restaurant** > S. 72
  Die Kochkurse der Besitzerin May führen in die Feinheiten der vegetarischen Thai-Küche ein. Auch ihr Kochbuch gibt es vor Ort zu kaufen.
  117/1 Thanoa Rd.
  Phra-Athit-Pier
  Tel. 0 2281 7137
  www.maykaidee.com

KOCHKURSE IN CHIANG MAI

- **Chiang Mai Cookery School** B2
  Die professionellste unter Chiang Mais zahlreichen Kochschulen betreibt auch ein Restaurant, wo Sie kosten können, was Sie lernen werden.
  1–3 Moon Muang Rd.
  Tel. 0 5320 6388
  www.thaicookeryschool.com

KOCHKURSE AUF KO SAMUI

- **Samui Institute of Thai Culinary Arts** B9
  Chaweng Beach
  Tel. 0 7741 3 172
  www.sitca.com

Die Größe und Pracht der früheren Hauptstadt Ayutthaya erahnt man noch heute beim Gang durch die Ruinen

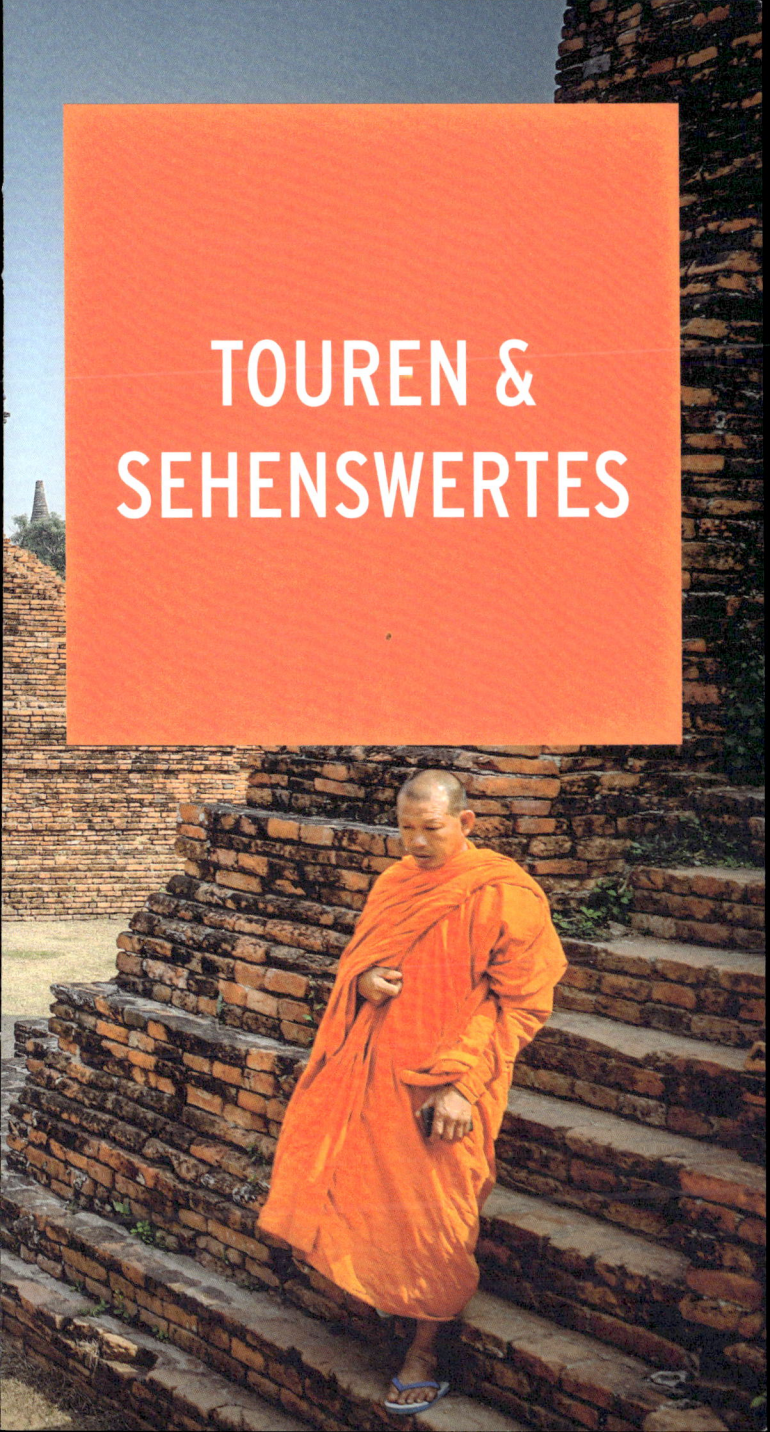

TOUREN & SEHENSWERTES

BANGKOK, PATTAYA UND HUA HIN

Thailands Hauptstadt fasziniert mit prächtigen Tempeln, Shoppingpalästen, Märkten, kulinarischen Entdeckungen und einem turbulenten Nachtleben. Pattaya und Hua Hin sind abwechslungsreiche Bade- und Strandorte.

Ausufernde Metropole, Dreh- und Angelpunkt des Königreiches: Die Neun-Millionen-Stadt **Bangkok** leidet unter krassen sozialen Gegensätzen und großem Verkehrschaos, ist aber gleichzeitig eine der facettenreichsten und dynamischsten Städte der Welt.

Bangkoks wichtigste Sehenswürdigkeiten, seine berühmtesten Tempel und Museen, liegen in der Altstadt Rattanakosin. Hier im inneren Flussbogen gründete der erste Rama der Chakri-Dynastie 1782 die Stadt am Ufer des Chao Phraya. Die Nachbarn von Siam waren unterdessen an europäische Kolonialmächte gefallen, und während die dort einen blühenden Handel trieben, schlummerte Bangkok in tiefer Abgeschlossenheit. Erst mit den politischen Verwerfungen im Zuge des Vietnamkrieges sollte sich das ändern. Beinahe über Nacht schossen aus Reisfeldern Wolkenkratzer, wurden stille Kanäle zugeschüttet und mit vielspurigen Autobahnen bedeckt sowie bunte Märkte in hochmoderne glitzernde Geschäftszentren verwandelt.

Auf einer Bootsfahrt durch die Klongs von **Thonburi,** Bangkoks Schwesterstadt am Westufer des Chao Praya, lernt man dagegen die ländliche Seite Bangkoks kennen, wo sich das Leben noch weitgehend auf dem Wasser abspielt.

Von Bangkok bieten sich zahlreiche lohnende Ausflüge an › S. 75, u. a. zur berühmten Brücke am Kwai › S. 76.

Über sieben Millionen Besucher strömen jedes Jahr in Thailands Amüsierzentrum **Pattaya** an der Ostküste des Golfs. Schönere Strände bieten die Insel **Ko Samet** weiter östlich und die Urwaldinsel **Ko Chang,** ein Paradies für Taucher.

Südlich von Bangkok liegen an der Golfküste die historische Tempelstadt **Phetchaburi,** der nostalgische königliche Badeort **Hua Hin** und der landschaftlich reizvolle **Khao Sam Roi Yot National Park.**

Am River Kwai bei Kanchanaburi

TOUREN IN DER REGION

TOUR
1

BANGKOK IN ZWEI TAGEN

ROUTE: Wat Phra Kaeo/Palast › Lak-Muang-Schrein › Wat Mahatat › Wat Arun › Wat Pho › Wat Saket › Wat Suthat › Siam Square

KARTE: Seite 60
DAUER: 2 Tage (1/2 Tag Palastareal)
PRAKTISCHE HINWEISE:
- 1. Tag: zu Fuß durch die Altstadt, dann mit dem Boot auf dem Chao Praya nach Süden und mit dem Skytrain ins moderne Bangkok
- 2. Tag: Taxifahrten, zu Fuß durch Banglampu und Chinatown und dann mit dem Skytrain ins Nachtleben

TOUR-START:

Bangkoks bedeutendste Sehenswürdigkeiten, die Tempelanlage **Wat Phra Kaeo** Ⓐ › S. 62 und der **Königspalast** Ⓑ › S. 62, öffnen schon um 8.30 Uhr. Zu dieser Zeit ist es hier noch himmlisch ruhig, die farbenfrohen Dächer und goldenen Chedis leuchten in der Morgensonne, und wenn die Bustouristen anrücken, gehen Sie einfach in den ruhigen Wandelgang, um die großartigen Ramakien-Fresken zu studieren. Kleben Sie dann Ihre für wenige Baht vor Ort erworbenen Blattgoldblättchen an die Glück bringende Säule des **Lak-Muang-Schreins** Ⓒ › S. 63 und schlendern Sie hinüber zum **Wat Mahathat** Ⓓ › S. 63. Leider gibt es den berühmten Amulettmarkt seit 2016 nicht mehr.

Die heiße Mittagszeit lässt sich am besten bei den historischen Buddhas im nahen **Nationalmuseum** Ⓔ › S. 63 verbringen. Vom Pier (Tha) Pra Chan geht es dann auf dem Fluss nach Süden bis Tha Tien. Hier können Sie im vorzüglichen Restaurant der Arun Residence › S. 69 direkt am Fluss mit tollem Blick auf den **Wat Arun** Ⓗ › S. 64 speisen oder sich im Roti Mataba › S. 73 stärken. Danach bummeln Sie zum nahen **Wat Pho** Ⓖ › S. 64, um den berühmten Ruhenden Buddha zu bewundern, eine traditionelle Thai-Massage auszuprobieren (auch ohne Voranmeldung) und die farbenfrohen Chedis im milden Licht des späten Nachmittags zu fotografieren. Gegen 17.30 Uhr spazieren Sie wieder zurück zum Flussufer, um den magischen Anblick des **Wat Arun** Ⓗ › S. 64 bei Sonnenuntergang zu erleben. Nehmen Sie dann um 18 Uhr das letzte Expressboot zum Pier des Hotels Shangri La. Von dort sind es nur ein paar Schritte zum Skytrain, mit dem Sie bequem ins Nachtleben von Bangkok fahren, nach Patpong oder zur Amüsiermeile Sukhumvit.

Auch der zweite Tag beginnt früh. Ein Taxi bringt Sie zum **Wat Saket** Ⓙ › S. 65, denn morgens ist der Blick vom Golden Mount über die Altstadt bis hin zum Wat Phra Kaeo und Wat Arun am schönsten. Um diese Zeit nehmen die safrangelb gewandeten Mönche die Gaben der Bevölkerung entgegen. Von hier spazieren Sie durch die Bamrung Muang Road › S. 65 mit ihren vielen buddhistischen Devotionalien zum reich verzierten **Wat Suthat** ❶ › S. 65 mit seinem großen Bronze-Buddha aus der Sukhothai-Zeit.

Den Weg nach Chinatown › S. 66 (1 km) können Sie mit dem Tuk-Tuk oder Taxi verkürzen. Schlendern Sie vom indischen Stoffmarkt Pahurat durch die Sampeng Lane zum Markt Talaad Kao, anschließend durch Yaowarat und Charoen Krung zum **Wat Traimit** ❷ › S. 66, um sich den berühmten meditierenden Buddha aus reinem Gold anzusehen.

Ein Taxi bringt Sie anschließend zum **Siam Square** ❸ › S. 67. Besuchen Sie zunächst das schöne **Jim Thompson House** ❹ › S. 67 nordwestlich des Platzes mit seinen vielen Antiquitäten, denn es schließt um 17 Uhr. Danach bietet sich ein Bummel durch das Luxuskaufhaus Siam Paragon an, das lange geöffnet hat. Auch das Aquarium von Sea Life Ocean World im Untergeschoss schließt nicht vor 21 Uhr, und zahlreiche Garküchen stillen Ihren Hunger. Wieder wartet der Skytrain darauf, Sie ins Nachtleben von Silom und Sukhumvit zu entführen. Bangkoks Hochbahn ist übrigens auch nachts völlig sicher. Der letzte Zug fährt gegen Mitternacht, doch sind Taxis die ganze Nacht über extrem leicht und preiswert zu haben.

TOUR 2

ZWEI ZUSATZTAGE IN BANGKOK

ROUTE: Klongs von Thonburi › Khao San Road › Wat Benchamabophit › Vimanmek Mansion › Oriental Hotel › State Tower › Ayutthaya

KARTE: Seite 60
DAUER: 2 Tage
PRAKTISCHE HINWEISE:
• 1. Tag: Longtail-Boot in die Klongs, zu Fuß durch Banglampu, mehrere Fahrten mit Taxi und Expressboot
• 2. Tag: Zug oder Bus für den Ausflug nach Ayutthaya

TOUR-START:

Am ersten Verlängerungstag bringt Sie ein Taxi oder Expressboot zum Pra-Athit-Pier im Stadtviertel Banglampu. Mit einem Ausflugsboot geht es in die Klongs von Thonburi › S. 64, deren Holzhütten im Morgenlicht leuchten. Zurück am Pier schlendern Sie durch die nahe **Khao San Road** ❻ › S. 64, nehmen dann ein Taxi zum Dusit Park, um den Marmortempel **Wat Benchamabophit** ❼ › S. 65 und den vergoldeten Holzpalast **Vimanmek Mansion** ❽ › S. 66 von König Rama V. zu besichtigen. Ein Taxi bringt Sie zurück zum Fluss. Mit dem Expressboot können Sie anschließend flussabwärts zum berühmten Oriental Hotel › S. 70 fahren, dort einen Tee

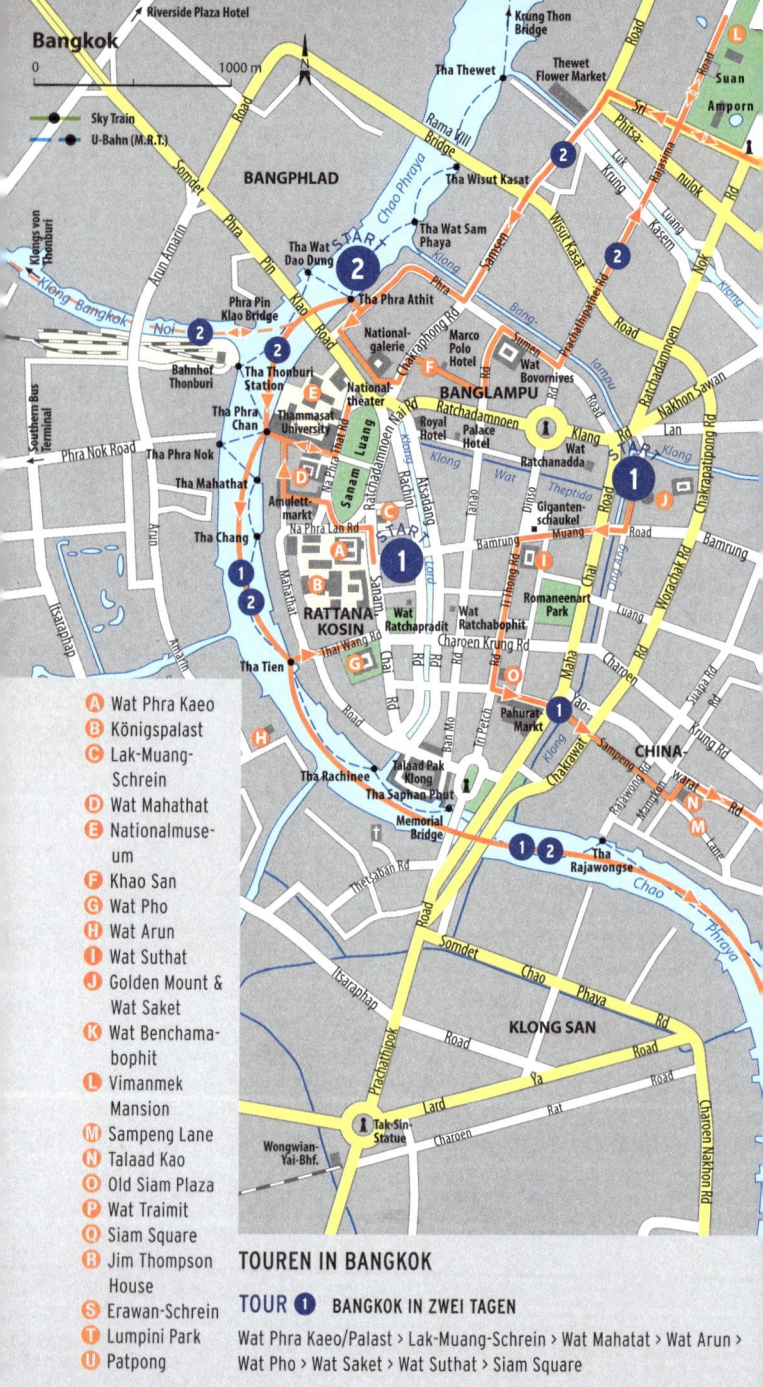

Bangkok

Sky Train

U-Bahn (M.R.T.)

0   1000 m

TOUREN IN BANGKOK

TOUR ① BANGKOK IN ZWEI TAGEN

Wat Phra Kaeo/Palast > Lak-Muang-Schrein > Wat Mahatat > Wat Arun >
Wat Pho > Wat Saket > Wat Suthat > Siam Square

- Ⓐ Wat Phra Kaeo
- Ⓑ Königspalast
- Ⓒ Lak-Muang-
     Schrein
- Ⓓ Wat Mahathat
- Ⓔ Nationalmuse-
     um
- Ⓕ Khao San
- Ⓖ Wat Pho
- Ⓗ Wat Arun
- Ⓘ Wat Suthat
- Ⓙ Golden Mount &
     Wat Saket
- Ⓚ Wat Benchama-
     bophit
- Ⓛ Vimanmek
     Mansion
- Ⓜ Sampeng Lane
- Ⓝ Talaad Kao
- Ⓞ Old Siam Plaza
- Ⓟ Wat Traimit
- Ⓠ Siam Square
- Ⓡ Jim Thompson
     House
- Ⓢ Erawan-Schrein
- Ⓣ Lumpini Park
- Ⓤ Patpong

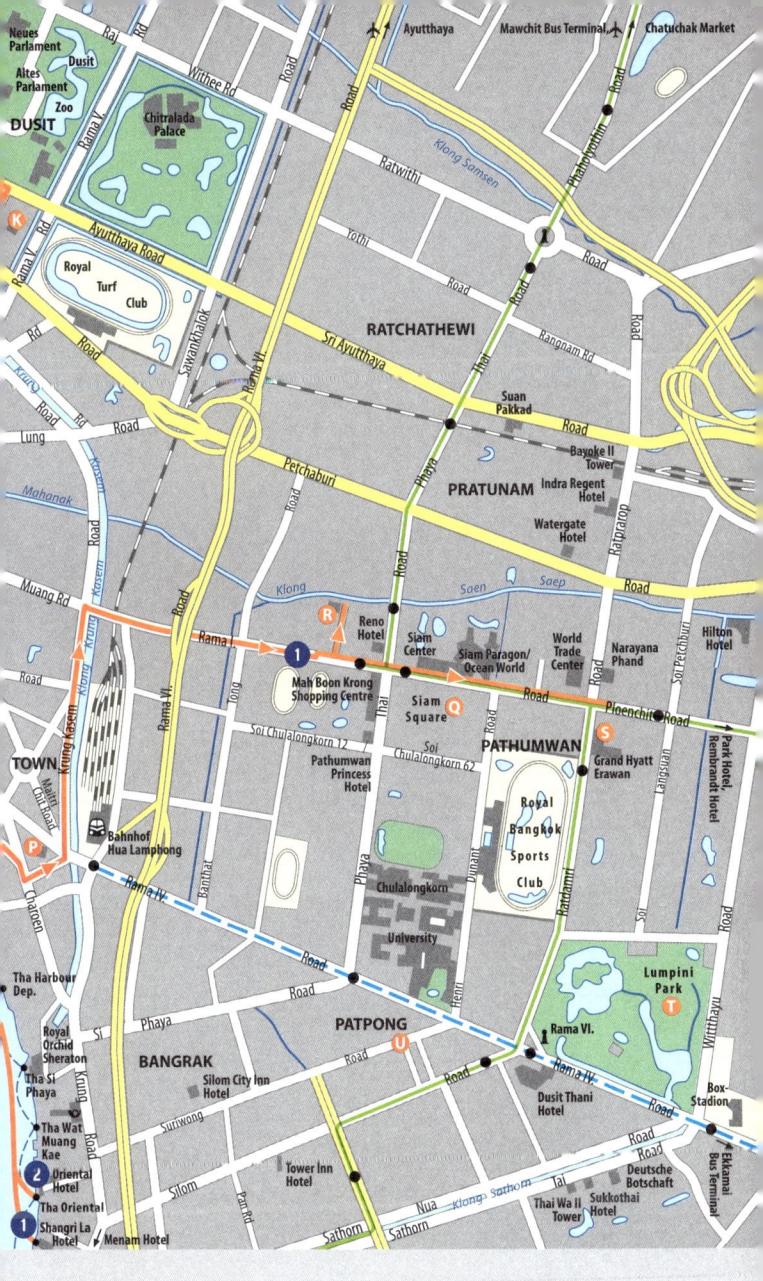

TOUR ❷ ZWEI ZUSATZTAGE IN BANGKOK

Klongs von Thonburi › Khao San Road › Wat Benchamabophit ›
Oriental Hotel › Ayutthaya

trinken und dann zur Sky Bar des nahen State Tower › S. 74 hinauffahren, um bei einem Drink die fabelhafte Aussicht über den Chao Phraya zu genießen. Eine Station des Skytrains ist gleich um die Ecke, er bringt sie schnell in Ihr Hotel zurück. Gehen Sie früh schlafen, damit Sie am nächsten Morgen bereits gegen 6 Uhr den ersten Zug oder Bus nach Ayutthaya › S. 138 erwischen. In der Morgensonne ist die herrliche Ruinenstätte am schönsten und das schattenlose große Areal auch noch erträglich kühl. Am Abend geht es wieder zurück nach Bangkok.

BANGKOK 1 ◧ C6 UND UMGEBUNG

WAT PHRA KAEO Ⓐ UND KÖNIGSPALAST Ⓑ ★ ◧ b3

Am **Sanam Luang,** dem »Königsplatz«, schlägt das Herz der Stadt. Wer nicht mehr als einen Tag Zeit für Bangkok hat, sollte ihn hier verbringen. Ab dem späten Nachmittag erblüht hier Thailands Gegenwartskultur: ein Trödelmarkt, Snack- und Getränkestände, Wahrsager, Bauchläden mit Aphrodisiaka und an windigen Tagen ein Himmel voller Papierdrachen. Die Hauptattraktionen der Stadt liegen an der Südseite.

Thailands bekannteste Tempelanlage, der **Wat Phra Kaeo,** entstand 1782, im Gründungsjahr der Stadt und der herrschenden Chakri-Dynastie. Rund um die Innenseite der Mauer erzählen farbenfrohe Fresken im Uhrzeigersinn aus dem Ramakien, der thailändischen Version des indischen Ramayana-Epos. Ein prächtiger Anblick ist das Königliche Pantheon (Prasat Phra Tepidorm), dessen Fassade allerlei Fayencen und Skulpturen schmücken. Die grimmigen Wächterfiguren symbolisieren legendäre Riesen, die Yaks. Der goldene Chedi birgt eine Buddhareliquie. Im Bot (Fotografieren streng verboten) thront auf einem hohen Altar eine nur 60 cm hohe Jadestatue. Dieser geheimnisumwobene Smaragdbuddha ist das Nationalheiligtum der Thais.

Durch ein Portal an der Tempelrückseite gelangen Sie auf das Gelände des **Königspalastes.** Die architektonische Vielfalt der Bauten spiegelt die Aufgeschlossenheit der Chakri-Herrscher der letzten zwei Jahrhunderte wider. In der Audienzhalle, Amarinda Vinichai, hält der König seine Geburtstagsrede. Ein vergoldeter bootsförmiger Altar verbirgt die Tür zu den hinteren Gemächern, davor steht ein ebenfalls vergoldeter Thron unter dem neunstufigen königlichen Baldachin. Eine zweite Audienzhalle, Dusit Maha Prasat, mit einem perlmuttverzierten Thron dient zur Aufbahrung königlicher Familienmitglieder. Ein ungewöhnlicher Anblick ist die Renaissancefassade des großen Palastes, Chakri Maha Prasat, mit typisch siamesischem Spitzdach.

INFO

Die Anlage ist tgl. 8.30–16 Uhr, die Paläste nur Mo–Fr geöffnet. Die Eintrittskarte gilt auch für Vimanmek Mansion › S. 66.

Königliche Stätten darf man nur mit geschlossenem Schuhwerk sowie bedeckten Armen und Beinen betreten. Wer nicht angemessen gekleidet erscheint, bekommt gegen Pfand passende Kleidung und Schuhe geliehen.

LAK-MUANG-SCHREIN ● 📖 c3

Die beiden Stadtsäulen sind dem Schutzgeist Bangkoks gewidmet. Hier herrscht ein lebhaftes Treiben: Thais bringen Opfergaben dar, lassen tanzen, reiben Blattgold auf die Säulen und kaufen Lose – der gute Geist hilft ihrem Glück dann sicherlich nach! Traditionelle Tanzvorführungen in einem Pavillon links vom Haupteingang. › mehr S. 16 Punkt ㉓

WAT MAHATHAT ● 📖 b3

Hinter der roten Fassade an der Westseite des Sanam Luang verbirgt sich das Kloster mit einer buddhistischen Universität. Auf der Rückseite, in den engen Gassen am Flussufer, drängten sich die winzigen Stände des berühmten Amulettmarkts. Im Zuge der »Stadtsanierung« mussten die Händler 2016 weichen – ein großer Verlust!

NATIONALMUSEUM ● 📖 b3

Die Sammlungen des Nationalmuseums bieten einen guten Überblick über die thailändische Geschichte und Kultur aller Epochen. Teile der Museumsanlage gehörten früher zum Palast eines königlichen Stellvertreters. Ein großer Viharn beherbergt einen der drei hochverehrten **Sihing-Buddhas** (Mi–So 9–16 Uhr, Führungen in Deutsch Mi und Do 9.30 Uhr, Tel. 0 2224 1333). › mehr S. 15 Punkt ㉑

Wat Phra Kaeo

KHAO SAN **F** 🏛 c2

Die Backpacker-Gegend um die Khao San Road ist angesagt. Das chinesische Viertel rund um den Chanasongkram-Tempel ist ein Treffpunkt nicht nur der Hippies, sondern auch einheimischer Yuppies und gutbürgerlicher Einzelreisender. Nur einen Steinwurf von den Kulturattraktionen Bangkoks entfernt, ohne Staus, aber dafür mit einer Grünanlage am Sumen-Fort, findet der Besucher hier für wenig Geld alles, was er liebt, und dazu mehr altes Bangkok als sonstwo. Im

> ### 💬 AUF DEN KLONGS
>
> Mit öffentlichen (oder gecharterten) Longtail-Booten geht es vom Pier (Tha) Chang hinter dem Königspalast durch die Klongs der westlichen Vororte **Thonburi** und **Nonthaburi**. Vorbei an Slums und Palästen, Tempeln, Märkten, und Industrieanlagen vollziehen Sie scheinbar auch eine Reise durch die Zeit: Weiter draußen wird das Wasser sauberer, die Kanäle werden stiller, die Ufer grüner, und an manchen Stellen sieht es fast noch so aus wie vor 50 Jahren. **Pandan Canal Boat Tours** veranstaltet halb- und ganztägige Klong-Touren. Dabei lernt man u. a. einen schwimmenden Markt, einen »Urwaldtempel« und ein 250 Jahre altes Künstlerhaus kennen (ab BTS Wutthakat Station, www.thaicanaltours.com).

Gassengewirr verstecken sich ferner mehrere hochkarätige Bars, Restaurants, Läden und Hotels.

WAT PHO **G** 🏛 b4

Der größte und älteste Tempel Bangkoks, in dem etwa 300 Mönche leben, umfasst vier Viharns, 95 bunte Chedis, eine Galerie mit knapp 400 Buddhastatuen sowie zahlreiche Nebengebäude. Die Hauptattraktion aber ist eine 46 m lange, 15 m hohe vergoldete Statue des »Ruhenden Buddha«, die den Eingang Buddhas ins Nirvana symbolisiert. 108 Perlmuttornamente an den Fußsohlen belehren über die Eigenschaften eines Buddha. › mehr S. 12 Punkt **3**

Der Wat ist Zentrum einer landesweiten Bewegung für Lehre und Erhalt traditioneller Thai-Medizin. Nachmittags können Sie sich außerhalb des Tempelbereichs massieren lassen oder einen Massagekurs belegen › S. 80.

WAT ARUN **H** 🏛 b4

Am gegenüberliegenden Flussufer (Fähren ab Tha Tien hinter Wat Pho) erhebt sich der »Tempel der Morgenröte«, einer der schönsten Sakralbauten des Landes. Im Zentrum steht ein 79 m hoher Prang aus dem frühen 18. Jh. Er symbolisiert nach hinduistisch-buddhistischer Philosophie die Weltenachse, den heiligen Berg Meru, flankiert von vier kleineren Prangs: alle reich mit Porzellanmosaiken verziert. Steile Treppen führen auf die Aussichtsplattform auf halber Höhe.

Khlongs in Thonburi

WAT SUTHAT ❶ ▮ c3

Der Tempel birgt grandiose Wandmalereien und Holzschnitzarbeiten
an Türen und Fenstern. Im Viharn
thront der beeindruckende, 8 m
hohe bronzene Sakyamuni-Buddha,
eines der berühmtesten Relikte der
Sukhothai-Periode. In den Höfen
stehen chinesische Steinfiguren und
Pagoden. An den roten Riesenpfäh-
len vor dem Tempel hing einst eine
Schaukel, die man zu Wettbewerben
nutzte (tgl. 9–21 Uhr).

SHOPPING

In der Bamrung Muang Road gehen die
Mönche ihre buddhistische Devotionalien
einkaufen. Bei dem kleinen Laden **Kor
Panich**, Ecke Tanao Road, kann man den
populären Thai-Nachtisch *khaoniao
mamuang* (Klebreis mit Mango) probieren.
Den Reis mit süßer Kokosmilch gibt es im
Laden, die Mango dazu kauft man draußen
von einem Händler.

GOLDEN MOUNT UND WAT SAKET ❼ ▮ d3

Ein wundervoller Blick über Bangkok, vor allem nach Osten über den
alten Stadtkern bis zum Wat Phra
Kaeo und Wat Arun, präsentiert
sich von der Plattform des goldenen
Chedi auf dem Golden Mount in
60 m Höhe. Die 318 Stufen nach
oben zu der ruhigen buddhistischen
Tempelanlage flankieren Grabstei-
ne, Urnen und Gebetsplätze.

NÖRDLICH DES ZENTRUMS

WAT BENCHAMABOPHIT ❷ ▮ e2

Der 1899 ganz aus weißem Marmor
erbaute Tempel ist eine elegante
Verschmelzung von Buddhismus
und westlicher Sakralkunst. Ein Hof
der Anlage enthält eine beispielhafte

Sammlung von 53 Buddhastatuen verschiedener Stile und Epochen, darunter der berühmte Schreitende Buddha aus Sukhothai. Am frühen Morgen nehmen Mönche die Gaben der Gläubigen an.

VIMANMEK MANSION **L** 📍 d1

1901 ließ sich Rama V. diesen Palast aus Teakholz errichten. Rund 40 von insgesamt 81 Räumen stehen dem Publikum offen, sie sind liebevoll mit Fotos, Gebrauchs- und Kunstgegenständen aus königlichem Besitz eingerichtet. Ein Besuch ist nur im Rahmen einer 90-minütigen Führung möglich (alle 30 Minuten 9.45–15.15 Uhr; es gilt die Eintrittskarte vom Wat Phra Kaeo). Im Garten mit kleinen Seen werden klassische Thai-Tänze vorgeführt (tgl. um 10.30 und 14 Uhr; zzt. wegen Renovierung geschl.).

CHINATOWN 📍 d4–e5

In den Straßen und Gassen zwischen **Yaowarat** und **Charoen Krung** (New Road) ist der chinesische Einfluss allgegenwärtig. Spätestens an den vielen Restaurants und Neonreklamen mit chinesischen Zeichen lässt sich die fernöstliche Herkunft der Bewohner erkennen: Die Läden verkaufen chinesische Arzneien, in den Porzellangeschäften drängen sich chinesische Kaiserfiguren und dicke lachende Buddhas, in schattigen Tempelhöfen lesen betagte Männer die Zeitung, und in den zahllosen Goldläden wird gefeilscht um jedes Karat.

Eine typisch chinesische Marktstraße ist die Soi Wanit 1, bekannt als **Sampeng Lane** **M** 📍 d4/5. Im Schneckentempo schiebt man sich vorbei an Läden mit buntem Allerlei, Töpfen, Blumen und Obst. An der Ecke Mangkon Road liegen das **Goldgeschäft Tang To Kang** und gegenüber eine Filiale der **Bangkok Bank**, zwei besonders schöne Beispiele der klassischen Bangkoker Architektur des 19. Jhs. An der nächsten Ecke geht es links in die Soi Itsaranuphap. Auf dem Markt **Talaad Kao** **N** 📍 d4 werden frische und getrocknete Fische feilgeboten und rundherum die ganze Palette asiatischer Lebensmittel.

SHOPPING

Im überdachten indischen Stoffmarkt **Pahurat** finden Sie preiswerte Seidenstoffe (leider auch viele Imitationen). Hochwertige Seide erwerben Sie lieber in der **Old Siam Plaza** **O** 📍 c4 auf der anderen Straßenseite. Hier bekommt man eine fabelhafte Auswahl an handgefertigten und handgefärbten Seidenstoffen. Eine Näherin oder Schneiderin ist stets bei der Hand.

WAT TRAIMIT **P** 📍 e5

Der neu gebaute marmorne **Phra Maha Mondhop** mit Thai-Dach und goldener Spitze ist die Residenz des berühmten **Goldenen Buddha**. Die über 3 m hohe, 5,51 t schwere, massiv goldene Statue (Wert ca. 200 Mio. Euro) aus dem 14. Jh. thront auf einem Lotosaltar aus weißem Marmor. Sie zeigt die meditative Pose der Erdanrufung und die grazile Eleganz der Sukhothai-Kunst.

RUND UM DEN SIAM SQUARE 🟠 📖 g4

Der Platz ist flankiert von mehreren Einkaufszentren, nachts locken hier zahlreiche Discos und Kneipen. Bis spät in den Abend hinein bummeln die Thais durch das **Mahboonkrong Shopping Center,** kurz MBK genannt. Im obersten Stock bieten Dutzende kleiner Garküchen Stärkung. › mehr S. 15 Punkt **18**

Hoch oben auf der Ebene des Skytrains hat sich eine ganz eigene Welt entwickelt. Über einen Walkway geht es von der Station Siam Center direkt in die Einkaufszentren, beispielsweise ins Luxuskaufhaus **Siam Paragon.** › mehr S. 14 Punkt **11** und S. 18 Punkt **41** › S. 15.

Im Untergeschoss befindet sich **Sea Life Bangkok Ocean World,** ein sehenswertes Aquarium mit imposanten Becken, in denen sich auch seltene Tiere wie Ammenhaie oder Nautili tummeln (tgl. 10 bis 21 Uhr, www.sealifebangkok.com).

JIM THOMPSON HOUSE 🔴 📖 f4

Der Amerikaner Jim Thompson wurde in den 1950er-Jahren durch den Aufbau einer thailändischen Seidenindustrie reich und berühmt. 1959 ließ er sich Häuser des 18. und 19. Jhs. aus der Provinz nach Bangkok schaffen und dort zu einer neuen Wohnanlage zusammensetzen. Die Räume füllte er mit einer eindrucksvollen Sammlung südostasiatischer Antiquitäten (tgl. 9–18 Uhr, www.jimthompsonhouse.com).

ERAWAN-SCHREIN 🟢 📖 h4

Hier herrscht ständiges Kommen und Gehen, Beten und Opfern. Tänzerinnen geben tagsüber Kostproben des klassischen Thai-Tanzes – dem Hindugott Brahma zu Ehren, der bei liebevoller Behandlung viele

Das Mahboongkrong Shopping Center

Wünsche erfüllen soll und vor lauter Blumengirlanden und Weihrauch kaum noch zu erkennen ist.

LUMPINI PARK ❶ ▮ g5–h6

Bangkoks größte Grünanlage lohnt zu jeder Tageszeit. Auf einer Bühne finden Kulturveranstaltungen statt, und auf der Sportanlage rechts neben dem Haupteingang spielen am späteren Nachmittag oft hervorragende Takraw-Teams › S. 46.

PATPONG ❶ ▮ f5–g6

Jenseits der Rama IV. Road ziehen die drei neonblinkenden Gassen von Patpong die Massen an. Hier konkurriert ein Nachtmarkt, der Markenpiraterie an den Touristen bringt, mit Dutzenden von Bars und Go-Go-Schuppen. In deren Parterre geht es harmlos zu, aber lassen Sie sich nicht in die oberen Stockwerke lotsen, wo Minuten einer dubiosen Show und ein paar Bier schnell 2000 Baht kosten können. Im Fall der Fälle kann eventuell die Touristenpolizei helfen, die an der Patpong eine mobile Einsatzstelle eingerichtet hat.

CHATUCHAK MARKET ❷ ▮ C6

Auf dem Megamarkt im Norden der Stadt an der Phaholyothin Road, nahe Northern Bus Terminal und Skytrain-Endstation, kann jeder seiner Kaufwut freien Lauf lassen. Tausende Stände drängen sich in einem unübersichtlichen Gassenge-

wirr. Hier können Sie wundervoll und hautnah Bangkoker Alltag erleben. Tolle Souvenirs sind coole Shirts, ethnische Kleidung, Musikinstrumente, Kunsthandwerk der Bergvölker, Amulette, Antiquitäten und Kreationen junger einheimischer Designer. Gegessen wird in unzähligen Garküchen (tgl. bis Sonnenuntergang, aber möglichst frühmorgens kommen; inoffizieller Führer im Internet unter www.chatu chak.org). › mehr S. 17 Punkt ❸❷

INFO

Tourism Authority of Thailand (TAT)
• 4 Ratchadamnoen Nok Ave.
www.tourismthailand.org
Infoschalter auch am Flughafen.

Tourist Police
• Neben dem TAT
Zweigstellen am westlichen Ende der Khao San Rd., am Lumpini Park und abends in der Patpong Rd. Beinahe landesweit ist sie in Notfällen unter Tel. 1155 rund um die Uhr zu erreichen.

ANREISE

• **Flugzeug:** Suvarnabhumi-Airport (www. bangkokairportonline.com) etwa 50 km außerhalb des Zentrums (Richtung Pattaya). Verbindung mit der Innenstadt: Airport Rail Link (25 Min. mit 6 Stopps bis zur Station Phaya Thai, 45 Baht), dann Taxi in die Innenstadt (80–100 Baht), www.srtet.co.th). Taxis und Mietwagenfirmen bieten auf Level 1 ihre Dienste an (Taxameter plus 50 Baht Flughafenzuschlag, plus Autobahngebühr, kein Coupon-System, je nach Verkehr zwischen 350 und 450 Baht). Ignorieren Sie Schlepper im Terminal.

- **Bus:** Richtung Norden (u. a. Chiang Mai) ab Northern Bus Terminal (Mo Chit), Kamphaengphet 2 Rd., Tel. 0 2936 2841 (für Norden), Tel. 0 2936 2852 (für Nordosten); Richtung Süden ab Southern Bus Terminal in Thonburi (Phra Pinklao Rd., Tel. 0 2422 4444), nach Pattaya ab Eastern Bus Terminal (Ekamai), Sukhumvit Rd., Tel. 0 2391 2504.
- **Zug:** Hauptbahnhof Hua Lamphong in Chinatown, Tel. 0 2220 4334. Fahrkarten auch in jedem Reisebüro.

VERKEHRSMITTEL IN DER STADT

- **Skytrain:** Die Hochbahn (www.bts.co.th) mit ihren zwei Linien ist Bangkoks bestes und schnellstes Verkehrsmittel (tgl. 6–24 Uhr).
- **U-Bahn:** Die Metro (www.mrta.co.th) ist zwischen Lumpini Park und Hauptbahnhof von Interesse.
- **Boot:** Die Schnellboote des Chao Phraya River Express (www.chaophrayaexpressboat.com) verkehren von 6–18 Uhr auf dem Flussbogen in der Innenstadt und halten an vielen touristisch interessanten Punkten. Für die kleineren, lauten Longtail-Boote gilt: Zahlen Sie pro gechartertem Boot (nicht pro Fahrgast!) max. 800 Baht für die erste und 400 Baht für jede weitere Stunde.
- **Taxi:** Taxis sind komfortabel und preiswert, aber bestehen Sie unbedingt auf Einschalten des Taxameters.
- **Tuk-Tuk:** Mit den dreirädrigen, offenen Tuk-Tuks sollte man, wenn überhaupt, nur kurze Strecken fahren. Sie sind unsicher, kaum billiger als Taxis, man schluckt Abgase und wird gern in ein unseriöses Schmuckgeschäft bugsiert, das dem Fahrer eine Kommission zahlt. Im Zweifel sofort aussteigen!

HOTELS

Arun Residence €€€
Schön restauriertes altes Haus am Fluss. 5 elegante Zimmer, alle mit grandiosem Sonnenuntergangsblick auf den Wat Arun. Buchen Sie die Arun Suite mit ihrem großen Balkon. Gutes Restaurant und opulentes Frühstück. > mehr S. 14 Punkt ⑮
- 36–38 Soi Pratoo Nok Yoong Tien-Pier | Tel. 0 2221 9158 www.arunresidence.com

Chakrabongse Villas €€€
Ehemaliger königlicher Palast am Chao Praya mit herrlichem Garten und drei luxuriösen Villen: Das Thai House ist im Ayutthaya-Stil gestaltet, die Riverside Villa (mit Blick auf den Wat Arun) und die Garden Suite bieten modernsten Komfort. Die Chinese Suite am Pool ist erlesen möbliert. Drei kleinere Zimmer sind im marokkanischen Stil eingerichtet. Exklusives Ausflugsboot für Gäste.
- 396 Maharaj Rd. Tel. 0 2222 1290 www.chakrabongsevillas.com

Luxx €€€
Kleines Designhotel mit Zen-Atmosphäre, nur einen Steinwurf von der Silom Rd. entfernt. Komfortable Zimmer, verglaste Bäder mit Holzwanne. Noch hipper ist das LuxxXL in der 82/8 Langsuan Rd. am Lumpini Park (Tel. 0 2684 1111).
- 6/11 Decho Rd. | Tel. 0 2635 8800 www.staywithluxx.com

Ma Du Zi €€€
Kleines, sehr feines Luxushotel. Riesige Zimmer mit Ledermobiliar, Badezimmer mit Whirlpool, viel persönlicher Service. Restaurant mit provenzalischer Gourmetküche.

Das Vertigo im Banyan Tree Hotel

- 9/1 Th. Ratchadaphisek | Khlong Toei
  Tel. 0 2615 6400
  www.maduzihotel.com

Oriental Hotel €€€

Eines der berühmten Kolonialhotels Südostasiens. Diese Tradition verströmen noch
die Zimmer im ursprünglichen »Author's
Wing«, wo berühmte Literaten genächtigt
haben. Das Spa (am Thonburi-Ufer) gehört
zu den besten der Stadt. > mehr S. 13
Punkt ❻

- 48 Soi 38 | Th. Charoen Krung
  Tel. 0 2659 9000
  www.mandarinoriental.com/bangkok

Sala Rattanakosin €€€

Schickes modernes Boutiquehotel direkt
am Fluss. Traumblick auf den Wat Arun
durch Panoramafenster von der Arun River
View Suite im obersten Stock mit Kingsize-
bett und Whirlpool.

- 39 Th. Maharat | Rattanakosin
  Tel. 0 2622 1388
  www.salahospitality.com/rattanakosin

Sukhothai Hotel €€€

Lilienteiche, Statuen und Pagoden aus der
Sukhotai-Zeit gemischt mit modernem
Design-Understatement. Das Restaurant
La Scala serviert beste italienische Küche,
das Celadon feinste Thai-Spezialitäten, und
in der coolen Zuk-Bar kann man herrlich
abhängen. Am Hotelpool finden sich die
Stars der asiatischen Medienszene sonn-
tags zum jazzigen Brunch, freitags und
samstags zum legendären Schoko-Büfett
ein.

- 13/3 South Sathorn Rd. | Tel. 0 2344 8888
  www.sukhothai.com

The Metropolitan €€€

Moderne Eleganz aus dunklem Holz, hellem
Stein und viel Glas. Dazu fabelhafte kreative Thaiküche des Australiers David Thompson im Restaurant, die elitäre Met-Bar und
mit dem balinesisch inspirierten Como
Shambhala eines der besten Spas der
Stadt.

- 27 South Sathorn Rd. | Tel. 0 2625 3333
  www.comohotels.com

W Bangkok €€€

Das erst vor wenigen Jahren in Silom er-
öffnete 31-stöckige Luxushotel vereint geradezu futuristisch anmutenden Komfort
mit thailändischer Gastfreundschaft.

- 106 North Sathorn Road
  Tel. 0 344 4000
  www.whotelbangkok.com

Phranakorn-Nornlen Hotel €€

Charmantes umweltbewusstes Hotel in
Banglampu mit relaxter Atmosphäre.
Liebevoll eingerichtete klimatisierte
Zimmer. Vegetarisches Frühstück inkl.

- 46 Thewet Soi 1 | Thewet-Pier
  Tel. 0 2628 8188
  www.phranakorn-nornlen.com

Lub D €–€€

Schickes Hostel mit modernen komfortablen Zimmern und großen Betten, Klimaanlage, kostenlosem WLAN und Safe. DZ mit eigenem Bad.

• 4 Decho Rd. (abseits der Silom Rd.)
  Tel. 0 2634 7999 | www.lubd.com
• 925/9 Rama 1 Rd. (am Siam Square mit Skytrain-Stopp) | Tel. 0 2612 4999

Bed Station Hostel €

Sehr sauberes, industriell gestyltes Hostel mit großen Betten (auch Doppelzimmer) und kommunikativer Lounge.

• 486/149–150 Soi Phetchaburi 16
  Th. Phetchaburi | Ratchathewi
  Tel. 0 2019 5477
  www.bedstationhostel.com

Nap Park Hostel@Khaosan €

Freundliches, sehr sauberes modernes Hostel in der Nähe der Khao San Road. Angenehm ruhig, bestens für alleinreisende Frauen geeignet. Kostenloses WLAN.

• 5 Th. Tani | Banglamphu
  Tel. 0 2282 2324 | www.nappark.com

Shanti Lodge €

Eines der besten Guesthouses der Stadt. Zimmer und (geteilte) Bäder sind blitzblank. Die teuersten Zimmer bieten Klimaanlage, heiße Dusche. Restaurant.

• 37 Sri Ayutthaya Soi 16
  Tel. 0 2281 2497 | www.shantilodge.com

RESTAURANTS

Bo.lan €€€

Nachhaltig geführtes Restaurant mit exzellenten, als Degustationsmenüs servierten Thaiklassikern. Die organisch produzierten Zutaten stammen von Bauern im Umland.

• 24 Soi Sukhumvit 53
  Tel. 0 2260 2961 | www.bolan.co.th

Gaggan €€€

Gefeierte progressive indische Küche von Gaggan Anand aus Kalkutta, der im legendären »El Bulli« in Barcelona gelernt hat.

• 68/1 Soi Lang Suan, Ploenchit Rd.
  Tel. 0 2652 1700 | www.eatatgaggan.com

Issaya Siamese Club €€€

Das alte Haus versteckt sich in einer Gasse unweit der Rama IV Road. Hier wird vielgerühmte Thaiküche serviert.

• 4 Soi Sri Aksorn, Chue Ploeng Rd.
  Tel. 0 2672 9040 | www.issaya.com

nahm €€€

Der Australier David Thompson mischt die Thai-Küche in Bangkok auf.

• Metropolitan Hotel
  27 Sathon Thai Rd. | Tel. 0 2625 3333
  www.comohotels.com

Vertigo €€€

Fusionsküche in Open-Air-Restaurant und Moon Bar im 61. Stock mit Superaussicht.

• Banyan Tree Hotel | Thai Wah Tower
  21/100 Sahtorn Tai Rd.
  Tel. 0 2679 1200
  www.banyantree.com

Baan Khanitha €€

Elegantes Thai-Lokal mit an westliche Gaumen angepasster Schärfe.

• 36/1 Soi Sukhumvit 23
  Tel. 0 2258 4181
  www.baan-khanitha.com

Face Bangkok €€

Im Teakhaus-Ensemble werden nordindische, chinesische und vietnamesische Köstlichkeiten serviert. In der Face Bar gibt's leckere Nudelsuppe.

• 29 Soi Sukhumvit 38
  Tel. 0 2713 6048 | www.face-bangkok.com

Le Dalat Indochine €€
Altes zweistöckiges Thai-Haus mit Antiquitäten. Vorzügliche vietnamesische
Küche. Sehr preiswerte Mittagsgerichte,
schöne Bar.
• 57 Soi Prasarnmitr Sukhumvit 23
  Tel. 0 2259 9593
  www.ledalatbkk.com

HEISSE NIGHTLIFE-TIPPS

• **Route 66** ist mit seinen schicken
  drei Dancefloors und Top-DJs
  derzeit einer der angesagtesten
  Klubs in Bangkok. › S. 74
• Eine beliebte Location für Live-
  Jazz in in Bangkok ist der **Saxo-
  phone Pub.** › S. 74
• **The Club@Koi** heißt einer der
  Nightlifepaläste in Bangkok, tolle
  Aussicht inklusive. › S. 74
• Pattayas Transvestitenshows im
  Tiffany und im **Alcazar** muss man
  einfach erlebt haben. › S. 82
• Mit Live-Rockmusik unterhält der
  Red Hot Club am Patong Beach
  von Phuket. › S. 99
• **Timber Hut** feiert mit den besten
  Bands der Insel die tollsten Par-
  tys in Phuket Town. › S. 99
• Der **Cha Cha Moon Beach Club** ist
  eine Neuentdeckung am Chaweng
  Beach, Ko Samui. › S. 109
• **Pornping Tower** heißt ein Hotel-
  turm am Nachtmarkt von Chiang
  Mai mit gleich zwei Diskotheken.
  › S. 122
• Das **Warm Up Café** ist der Treff
  aller einheimischen Trendsetter
  von Chiang Mai. › S. 122

Nang Gin Kui €€
In ihrer Wohnung mit Flusspanorama servieren Florian (ein Wiener) und Goy mehr-
mals die Woche 12 Gästen ein fabelhaftes
12-Gänge-Menü mit Thai-Köstlichkeiten.
Nur mit Reservierung!
• Charoen Krung Soi 20
  Chinatown | Tel. 0 85 904 6996
  www.nangginkui.com

Soul Food Mahanakorn €€
Street Food der Garküchen in einem an-
sprechenden Restaurantambiente. Feine
Cocktails.
• 56/10 Soi Sukhumvit 55
  Tel 02 714 7708
  www.soulfoodmahanakorn.com

Supanniga Eating Room €€
Hier werden einfache, aber vorzügliche
Familienrezepte nachgekocht.
• 160/11 Soi Sukhumvit 55
  Tel 0 2714 7508
  www.supannigaeatingroom.com

Krua Apsorn €–€€
Gefeierte Thai-Küche ohne Kompromisse
(fabelhafte Currys!).
• 503–505 Sam San Rd. | Tel. 0 2685 4531
  www.kruaapsorn.com

Nara €–€€
Halb Bangkok kommt hierher zum Lunch.
Die süß-scharfe Sukhothai-Nudelsuppe mit
Schweinefleisch und knackigem Gemüse
kostet keine 2 €.
• Erawan Bangkok Mall | 494 Ploenchit Rd.
  Tel. 0 2250 7707
  www.naracuisine.com

May Kaidee's Vegetarian Restaurant €
Ausgezeichnete vegetarische Thai-Küche
in einer Seitenstraße der Khao San Rd.

Die Transvestitenshows in Pattaya haben Weltklasse

• 59 Thanao Rd. | Phra-Athit-Pier
  Tel. 0 2629 4413
  www.maykaidee.com

Roti Mataba €
Etwas über 2 € kostet hier Roti (Fladen-
brot) mit leckeren Füllungen, die ideale
Stärkung vor und nach Tempelbesuchen.
• Phra Athit Rd. | Phra-Athit-Pier
  Tel. 0 2282 2119

NIGHTLIFE

Aktuelle Veranstaltungstipps: Guru Maga-
zine (Fr in der Bangkok Post), Best of the
Week (Fr in The Nation) und BK-Magazine
(https://bk.asia-city.com), das jede Woche
kostenlos in vielen Cafés und Hotels aus-
liegt, www.thaiticketmaster.com.

Bessere Optionen als Patpong gibt es ge-
nug: Piano- und Jazzklubs, Hightechdisko-
theken, professionelle Transvestiten- und
Folkloreshows. In der Royal City Avenue
reihen sich auf 2 km zwischen Rama IX. Rd.
und New Phetchaburi Rd. Klubs und Bars
aneinander. In der »Szene«-Straße Thanon

Tanao treffen sich jugendliche Thais bei
Bier und Cocktails. Die Yuppies schwärmen
in die Tanztempel der Sukhumvit Rd. aus
(z. B. Discovery, Narcissus).

BarSu
Sushi, Tempura, Tapas und eine gute Cock-
tailkarte ziehen ein etwas reiferes Publikum in diesen coolen Nightclub.
• im Sheraton Grande Sukhumvit
  250 Sukhumvit Rd. | Tel. 0 26498358
  www.barsubangkok.com

Brown Sugar
Hier wird jede Nacht außer montags bester
Jazz live gespielt.
• 469 Phrasumen Rd.
  Banglamphu | Tel. 0 2282 0396
  www.brownsugarbangkok.com

Calypso Cabaret
Spektakuläre Transvestitenshow. Shows
20.15 und 21.45 Uhr.
• Asiatique The Riverfront
  Bang Kho Laem | Tel. 0 2688 1415
  www.calypsocabaret.com

The Club@Koi
Nightlifepalast im 39./40. Stock des Sathorn Square Building mit traumhaftem Stadtpanorama.
- Sathorn Nua Rd. | Bang Rak
  Tel. 0 2108 20050 | www.theclubatkoi.com

Route 66
Durchgestylter Klub mit drei Dancefloors – meist Hip-Hop, Techno, Thai-Pop. Am Wochenende ist hier die Hölle los. Das Publikum ist jung, die Drinks sind erschwinglich. Die besten DJs der Stadt (tgl. 20–2.30 Uhr).
- Royal City Avenue/Rama 9 Rd.
  Tel. 0 2203 0936
  www.route66club.com

Sala Chalerm Krung Royal Theatre
Aufführungen des traditionellen Maskentheaters *khon,* das Szenen aus dem Ramakien inszeniert.
- Charoen Krung Rd. | Rattanakosin
  Tel. 0 2222 0434
  www.salachalermkrung.com

Saxophone Pub
Jazz-, Blues- und Reggae-Livemusik.
So abend Jamsession.
- Victory Monument | Phaya Thai Rd.
  Tel. 0 2246 5472
  www.saxophonepub.com

Siam Niramit
Die aufwändige Show inszeniert mit Tänzen, Musik und Spezialeffekten Thailands kulturelle Highlights. Tgl. 20 Uhr.
- 19 Tiamruammit Rd. | Huai Khwang
  Tel. 0 2649 9222
  www.siamniramit.com

Sirocco
Sky Bar mit fabelhafter Aussicht über den Chao Phraya.

- The Dome at State Tower
  1055 Th. Silom | Tel. 0 2624 9555
  www.lebua.com/sirocco

The Club
Drum 'n' Bass, House, Tribal und zuckende Farblaser. Donnerstags ist Full Moon Party à la Ko Phangan.
- 123 Khao San Rd. | Tel. 0 2629 1010
  www.theclubkhaosan.com

SHOPPING

Bei Sonnenuntergang belebt sich der **Flohmarkt** an der Memorial Bridge. Gleich nebenan liegt **Talaad Pak Khlong,** der Großmarkt für Blumen, Obst und Gemüse – am interessantesten morgens. Für einen Einkaufsbummel lohnen **Silom Village** und **Silom Plaza,** beide Silom Rd. Hypermoderne Einkaufszentren sind **Siam Square, Siam Center** und **Siam Paragon,** alle am Siam Square, sowie **Sukhumvit Plaza** gegenüber Sukhumvit Soi 17. An der Charoen Krung Rd. konzentrieren sich Antiquitäten- und Schmuckläden; Antiquitäten und gute Schneider findet man im **River City Shopping Center.** Fundgruben für Stoffe sind die Sois an der Sukhumvit Rd., in Chinatown der indische Pahurat-Markt und das gegenüberliegende **Old Siam Plaza.**

Almeta
Riesige Auswahl an in Nordthailand hergestellten hochwertigen Seidenstoffen.
- 20/3 Sukhumvit Soi 23
  Tel. 0 2204 1413 | www.almeta.com

Asia Books
Größte Auswahl an englischsprachigen Büchern über Thailand und Asien. Flagship Store im Einkaufszentrum Central World.
- 999/9 Rama I. Rd. | Tel. 0 2251 8572
  www.asiabooks.com

Emporium
Bangkoks feinstes Kaufhaus. > mehr S. 17
Punkt ㊱
• 622 Sukhumvit Rd.
  www.emporium.co.th

Narai Phand
Großes Kunstgewerbezentrum im Erd-
geschoss des President Tower. Keramik,
Porzellan, Lackwaren, Bronzefiguren.
• 973 Ploenchit Rd. | Tel. 0 2656 0398
  www.naraiphand.com

Otop Heritage
Silberwaren, Schnitzkunst, Keramik,
Schmuck und Stoffe im Central Embassy.
• 1031 Ploenchit Rd. | Tel. 0 2160 5975

Rajawongse Clothiers
Bangkoks beste Maßschneiderei (neben
Landmark Hotel). > mehr S. 17 Punkt ㉝
• 130 Sukhumvit Rd. | Nähe Soi 4
  Tel. 0 2255 3714
  www.dress-for-success.com

AUSFLÜGE VON BANGKOK

DAMNOEN SADUAK ❷ ◧ C6
Eine Bustour zum **Schwimmenden
Markt** von Damnoen Saduak, rund
100 km westlich von Bangkok, kann
man in jedem Hotel buchen. Kom-
biniert wird die Tour in der Regel
mit einem Mittagessen im **Rose-
garden** (30 km westl. von Bangkok),
dessen Thai Village tgl. ab 14 Uhr in
einer Zeitraffershow alles vorführt,
was als landestypisch betrachtet
wird. Im **Samphran Elephant
Ground & Zoo** gibt's nachmittags
eine gut inszenierte Show.

NAKHON PATHOM ❸ B6
Sehenswert ist der **Phra Pathom
Chedi,** der älteste und mit 127 m
höchste buddhistische Sakralbau
Thailands, dessen Kern aus dem
5. Jh. stammt. Touren zum Schwimmenden Markt beinhalten oft einen
Schnellbesuch der Stadt (ca. 70 km
westl. von Bangkok). Steigen Sie lieber am Nachmittag in den preiswer-
teren öffentlichen Bus 83 (Southern
Bus Terminal, 1 Std.). Im Abendlicht leuchtet der Chedi. Ab 17 Uhr
bauen davor Garküchen ihre Stände
auf. Der letzte Bus zurück nach
Bangkok fährt gegen 21.30 Uhr.

KANCHANABURI ❹ UND DIE RIVER KWAI BRIDGE ◧ B6
Sämtliche Reiseveranstalter Bang-
koks locken mit Tagesausflügen zur
Brücke am Kwai, 4 km nordwestlich des Zentrums von **Kanchanaburi**. Die Stadt liegt 130 km
westlich von Bangkok am Zusam-
menfluss von Kwae Yai und Kwae
Noi. Umgeben von Sandsteinber-
gen, Wäldern und Obstplantagen,
ist sie am Wochenende ein beliebtes
Erholungsziel.

> 💬 **BOOTSAUSFLUG**
>
> Einen 1- bis 2-tägigen Ausflug
> können Sie von Bangkok zum
> Sommerpalast **Bang Pa In**
> › S. 140 und nach **Ayutthaya**
> › S. 138 unternehmen, am stim-
> mungsvollsten an Bord einer der
> prächtigen Reisbarken (Infos:
> www.thairivercruise.com und
> www.manohracruises.com).

Das **JEATH War Museum** (tgl. 8–16.30 Uhr) am Fluss südlich des Stadtzentrums informiert über die Leiden der 61 000 alliierten Kriegsgefangenen. Etwa 1 km nördlich liegt zwischen Fluss und Eisenbahnlinie der **Soldatenfriedhof.** Nebenan dokumentiert das **Thailand-Burma Railway Center** (tgl. 9 bis 17 Uhr, www.tbrconline.com) den Bau der 415 km langen Eisenbahnlinie zwischen Birma und Thailand, bei dem 16 000 Kriegsgefangene, aber auch etwa 115 000 asiatische Kulis (darunter 80 000 Thais) ums Leben kamen. Die »Todesbahn« sollte den durchgehenden Zugverkehr zwischen der japanischen Basis Singapur und der hinterindischen Front herstellen. Die Brücke wurde 1944 bombardiert, später mit japanischen Reparationsgeldern wieder aufgebaut. Noch heute rollen Züge darüber – die Reisenden sind meist Touristen. Ende November/Anfang Dezember wird die Bombardierung der Brücke aufwendig nachgestellt.

Von Kanchanaburi windet sich die **Todesbahn** (Death Railway) auf einer abenteuerlichen Strecke von 77 km weiter Richtung Nordwesten. Auf seiner zweistündigen Fahrt durchquert der Zug 30 m tiefe, steile Schluchten, die damals nur mit der Spitzhacke in den massiven Fels getrieben wurden, und klappert kurz vor der heutigen Endstation **Nam Tok Sai Yok Noi** über den haarsträubenden hölzernen Wang-Po-Viadukt. Auf der Hinfahrt an einem linken, auf der Rückfahrt am rechten Fensterplatz sitzen!

INFO

Tourism Authority of Thailand (TAT)
Auch Infos zu Floßtouren.
• Saengchuto Rd. | Tel. 0 3451 1200

ANREISE

• **Zug:** ab Bahnhof Thonburi/Bangkok um 7.44 und 13.55 Uhr (3 1/2 Std.)
• **Bus:** häufig ab Southern Bus Terminal in Bangkok (2 1/2 Std.)

HOTELS

Oriental Kwai €€€
Kleines schickes Resort mit 12 Bungalows. Vorzügliches Restaurant mit Terrasse zum Fluss, familiäre Atmosphäre.
• 194/5 Moo 1 | Ladya
Tel. 0 61673 0670 | www.orientalkwai.com

Sabai@Kan Resort €€
Freundliches Boutique-Hotel mit tropischem Garten und schönem Pool.
• 317/4 Mae Nam Kwae Rd.
Tel. 0 92997 4000 | www.sabaiatkan.com

Apple's Retreat & Guesthouse €
Gemütlich, sehr sauber, populäres Restaurant, Massagen und Kochschule.
• 52 Soi Rong Hip Oi Rd. | Tel. 0 3451 2017
www.applenoikanchanaburi.com

RESTAURANTS

Auf den **Floßrestaurants** in Kanchanaburi gibt es gutes Essen.

AKTIVITÄTEN

Sehr beliebt sind **Floßfahrten.** Ob als schwimmendes Restaurant, Disco oder für Exkursionen ins dschungelige Umland zu mieten – mindestens einen Tag und eine Nacht sollten Sie auf einem der Bambusflöße verbringen. Platz ist für bis zu 20 Pers., der Preis beträgt 3000–5000 Baht

Wasserfall im Erawan National Park

pro Tag, Personal, Verpflegung und Koch inkl.; entsprechende Gruppen finden sich täglich. Je nach Tourlänge werden verschiedene Sehenswürdigkeiten angesteuert.

Das **Kanchanaburi Travel Center** (Nähe Jolly Frog, Tel. 0 8639 67349, www.tourkanchanaburi.com) bietet neben Floßfahrten auch Urwaldtouren sowie Ausflüge zu zwei alten Tempelanlagen in der Umgebung und zu einem Museum bei Ban Kao an, das prähistorische Funde ausstellt.

Kajakfahrten auf dem Fluss organisiert **Safarine** (nahe der Kwai-Brücke, Tel. 0 8604 91662, www.safarine.com).

ERAWAN NATIONAL PARK 5 3 ▮ B5

Etwa 90 Minuten braucht der Bus zum 65 km nordwestlich von Kanchanaburi gelegenen Nationalpark. Dieser ist wegen seines Wasserfalls Thailands meistbesuchter Nationalpark und am Wochenende besonders frequentiert. Die siebenstufige Kaskade mit kristallklarem Wasser bildet gleich mehrere zum Baden einladende Pools. Für einen Aufstieg zu den oberen Terrassen sollte man allerdings einen ganzen Tag einplanen.

Im Norden des Parks liegt die **Phra-That-Höhle,** im Westen die nur 3 km von Nam Tok entfernte **Badan-Tropfsteinhöhle,** zu deren Begehung Sie neben festem Schuhwerk und einer Taschenlampe auch etwas Sportsgeist benötigen, da im Innern der Höhle doch einige recht glitschige Bambusleitern zu bewältigen sind.

ANREISE

Kanchanaburi Travel Center
Organisiert Touren von **Kanchanaburi** zum Erawan National Park.
• Kanchanaburi (Nähe Jolly Frog)
  Tel. 0 8639 67349
  www.tourkanchanaburi.com

DIE ÖSTLICHE GOLFKÜSTE

PATTAYA 6 📖 C7

Pattaya ist Südostasiens größter Badeort mit jährlich fast 18 Mio. Besuchern. Die von Hochhäusern bestimmte Skyline reicht bis dicht an den schmalen **Stadtstrand,** vor dem eine ganze Flotille von Motorbooten dümpelt, während Wasserskifahrer und Waterscooter vorbei-

zischen. Bessere Badebedingungen herrschen am Stadtrand. Ruhig und sauber sind die optisch eher durchschnittlichen Strände bei **Naklua.** Der 14 km lange, teils sehr schmale Strand von **Jomtien** ist zum Baden auch gut geeignet, aber an manchen Abschnitten geht es rummelig zu.

Rund ums Jahr tummeln sich Touristen aller Herren Länder tags-

über an den Stränden und auf den vorgelagerten Inseln, besonders gern aber allnächtlich in Kneipen, Geschäften und vor unerschöpflichen Souvenirständen. Dauernd finden Feuerwerke, Heißluftballonwettbewerbe, Rallyes und ähnliche Veranstaltungen statt. Der ausufernden Sexindustrie setzt Pattaya zunehmend familienfreundliche Angebote entgegen, darunter das sehr kinderfreundlich gestaltete Aquarium **Underwater World Pattaya**

(www.underwaterworldpattaya. com) mit einem Unterwassertunnel, den 20 km südöstlich gelegenen **Ramayana Water Park** (www.underwaterworldpattaya.com) und die zwischen Pattaya und Bangkok gelegenen Ziplines **Flight of the Gibbon** (www.treetopasia.com) mit Urwald-Hindernisparcours.

INFO
Tourism Authority of Thailand (TAT)
• Phrathamnak | Tel. 0 3842 7667

Auf Deutsch informieren www.pattayablatt. com, www.hallomagazin.com und www.der-farang.com

ANREISE
• **Busse** fahren von Bangkoks Eastern und Northern Bus Terminal sowie vom Suvarnabhumi Airport (www.belltravel service.com, 250 Baht).
• Ein **Taxi** von Bangkok kostet nach Verhandeln etwa 1300 Baht.
• Seit 2018 verkehrt ein schneller **Katamaran** der Royal Ferry Group (www.royalferrygroup.com) zwischen Pattaya und Hua Hin (2 Std., ab 1250 Baht).

VERKEHRSMITTEL IN PATTAYA
Zwischen den etwas abgelegeneren Hotels, vom Jomtien Beach und North Pattaya fahren ständig **Sammeltaxis** (Pick-ups), die Sie per Handzeichen anhalten; Preis vorher aushandeln!

HOTELS
Pattaya Park Beach Resort €€€
Der Hotel- und Entertainmentkomplex liegt an der schönsten Stelle Jomtiens. Für Kinder wunderbar: der Wasserpark mit Superrutschen.

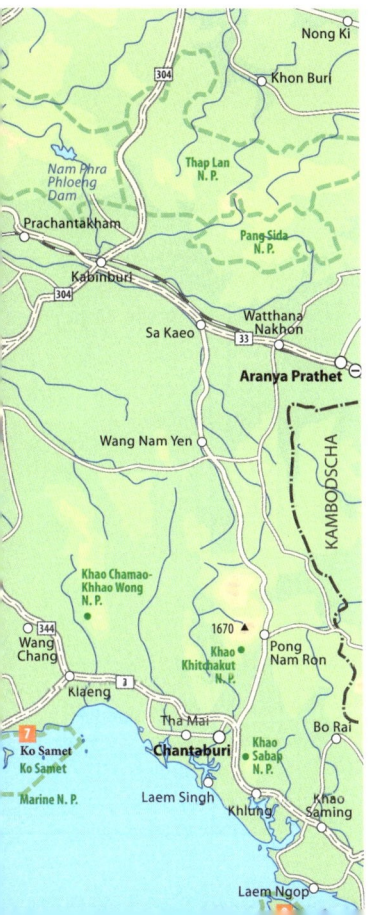

DIE KOMPLETTLÖSUNG SPA

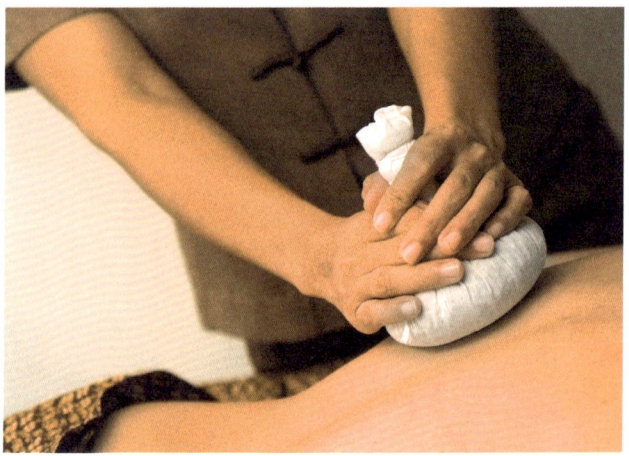

Eine Massage mit Kräuterstempeln entspannt

Thailand reitet auf dem Kamm der Spa-Welle: Kaum ein gehobenes Hotel verzichtet noch auf die hauseigene Wellnessgrotte mit Massage, Aromatherapie, Schönheitssalon, Sauna und Whirlpool. Daneben locken Wohlfühleinrichtungen außerhalb der Hotels, oft (aber nicht immer) noch preiswerter und leistungsbewusster.

Eine komplette Behandlung dauert mindestens 4 Std. und empfiehlt sich gleich nach der Ankunft: So beginnt man den Urlaub schön erholt.

• Banyan Tree Bangkok › S. 69
  Luxus-Spa mit Open-Air-Whirlpool und grandiosem Ausblick.
  21/100 South Sathon Rd. | Bangkok
  Tel. 0 2679 1200 | www.banyantree.com

• Chiva Som › S. 86
  Hier lassen sich die Reichen und Berühmten behandeln. Wenn Sie bereit

sind, für 4 Std. 100 € und mehr hinzulegen, lohnt der Besuch der opulenten Verwöhnanlage – natürlich nur mit Voranmeldung, was im Übrigen auch für die folgenden Adressen auf Phuket gilt.
Hua Hin
Tel. 0 3253 6536 | www.chivasom.com

• Banyan Tree Phuket ▮ A11
  Tel. 0 7632 4374
  www.banyantreespa.com

• Chann Wellness Spa ▮ B7
  Thavorn Beach Village
  Tel. 0 7661 8220
  www.thavornbeachvillage.com

FUSSREFLEXZONENMASSAGE

Foot Reflexology stammt aus Fernost und wurde erst in jüngster Vergangenheit in Thailand zum Renner. Auch diese Technik ist unbestritten gut, und zwar nicht nur für Fußkranke. Neben beschwingtem Gang verleiht sie unter anderem herrlichen Schlaf, besonders zu empfehlen nach dem Mittagessen oder zur Nacht.

• **Pattaya Reflexology Center** 📖 C7
South Pattaya Rd. | Pattaya
Tel. 0 3871 0099

NUAT PHAEN BORAN

Die klassische Thai-Massage zählte früher zum Repertoire eines jeden Friseurs und wurde auf jedem Bahnhof angeboten. Dann geriet diese landestypische Institution leider fast in Vergessenheit, um erst durch die Touristen wiederentdeckt zu werden – als Strandmassage. Die große Popularität der Strandmassage führte zur Neuerrichtung vieler Salons, in denen meist sehr sachkundig gearbeitet wird.

Bei dem Verfahren, dessen therapeutischer Wert unbestritten ist, werden in den überdehnten Gliedmaßen Druckpunkte stimuliert, was einer Kombination aus Massage und Krankengymnastik gleichkommt. Ursprünglich für gelenkige, ranke Bauern konzipiert, macht sich das System am europäischen Körper anfangs oft recht schmerzhaft bemerkbar, doch schon nach wenigen Sitzungen (jeweils mind. 90 Min.), gewinnt man einiges an Beweglichkeit und Fitness zurück.

Spricht die massierende Person kein Englisch, deutet man einfach auf Körperstellen, die man nicht massiert haben möchte, und sagt *mai sabai* (»nicht gut«). Tut es richtig weh, klagt man sein Leid mit *jep jep* (»es schmerzt sehr«), und *bao bao na krap/ka* bedeutet »Bitte

sanfter!« Massiert wird auf einer Matte, der Massierte schlüpft am besten in lockere Kleidung.

• **Pian** 📖 C6
Die Chefin hat lange als Massagelehrerin im Wat Pho gearbeitet, bevor sie sich selbstständig machte. Heute ist Pian einer der erfolgreichsten Massagebetriebe, mit angeschlossenem Schönheilssalon und Massageschule. Preiswert und gut, aber immer mit viel Betrieb (bis 23 Uhr).
Ram Buttri Rd. (Nähe Khao San Rd.).
Bangkok | Tel. 0 2629 0924
www.pianmassageschool.com

MASSAGEKURSE

Wenn Sie fünf Tage Zeit, Fleiß und Ausdauer investieren wollen, können Sie die Thai-Massage auch selbst lernen. Lehrmaterialien gibt es auf Englisch, teilweise auch auf Deutsch, sodass Sie die komplizierten Körpermeridiane zumindest nicht auswendig lernen müssen. Die Abschlusszertifikate dürfen Sie gerahmt aufhängen, ansonsten haben sie keinen Wert, und sich selbst kann man auch nicht thai-massieren. Allerdings wundern sich erfolgreiche Absolventen oft, wie viele neue Freunde sie später gewinnen – die immer nur das eine wollen …

• **Wat Pho's Thai Traditional Medical and Massage School** 📖 B2
Massiert wird an der Ostseite des Haupttempels. Die Kurse kosten 9500 Baht (Fußreflexzonenmassage 7500 Baht) und finden außerhalb des Tempels statt.
392/33–4 Soi Pen Phat 1, Maharach Rd., Restaurant Coconut Palm an der Ecke!
Bangkok | Tel. 02 622 3533
www.watpomassage.com

- 345 Jomtien Beach | Tel. 0 3825 1201
  www.pattayapark.com

Rabbit Resort €€€
Sehr schicke, abgeschiedene Bungalows in
schöner Gartenanlage mit zwei Pools am
Strand zwischen Jomtien and Pattaya Tai.
Exzellenter Service.
- Hat Dongtan | Jomtien
  Tel. 0 3825 1730 | www.rabbitresort.com

Royal Cliff €€€
Protzig in die Klippen gebautes Hotel mit
hübschem Privatstrand. Toller Spa!
- 353 Moo 12 Cliff Rd.
  Tel. 0 3825 0421 | www.royalcliff.com

Sugar Hut €€€
Ca. 1 km vom Jomtien Beach entfernte,
weitläufige Gartenanlage mit großzügigen
Bungalows und drei Pools.
- South Pattaya Rd. | Tel. 0 3825 1686
  www.sugar-hut.com

💬 **SANCTUARY OF TRUTH**

Der kunstvolle, noch nicht voll-
endete Tempelkomplex ▌ C7
3 km nördlich von Pattaya mit
Traumblick auf das Meer wurde
ganz aus Holz unter Verwendung
traditioneller Techniken errichtet. Seine vier Flügel zeigen vier
religiöse Ikonographien: Thai,
Khmer, chinesisch und indisch.
Finanziert hat das 105 m hohe,
mit geschnitzten hinduistischen
und buddhistischen Gottheiten
verzierte Gesamtkunstwerk der
Mäzen Lek Viriyaphant. Führungen alle 30 Minuten.
- Soi Naklua 12 | Tel. 0 3836 7229

Woodlands Resort €€€
Familienfreundliche Anlage nahe dem
ruhigen Wong-Amat-Strand.
- Pattaya-Naklua Rd. | Tel. 0 3842 1707
  www.woodland-resort.com

RESTAURANTS
Internationale Speisen von Eisbein bis
Falafel – gute Thai-Küche ist eher rar.

Cafe des Amis €€€
Feine Küche mit französischem Touch.
- 391/6 Moo 10, Th. Thap phraya 11
  Tel. 08 4026 4989
  www.cafe-des-amis.com

Mantra €€€
Beste asiatische Fusionsküche. Gute Bar.
- Nähe Naklua Rd. | North Pattaya
  Tel. 0 3842 9591
  www.mantra-pattaya.com

Pattaya Park Tower €€€
Drehrestaurant auf Pattayas höchstem
Wolkenkratzer, asiatische Küche.
- Jomtien Beach | Tel. 0 3825 1201
  www.pattayapark.com

Ruen Thai €€
Gutes Thai-Essen, klassische Thai-Tänze.
- Second Rd. | South Pattaya
  Tel. 0 3842 5911
  www.ruenthairestaurant.com

NIGHTLIFE
Pattaya ist weltberühmt für seine glamou-
rösen Transvestitenshows. Für Fotos mit
den *Kathoey* genannten Transgender werden etwa 100 Baht Trinkgeld erwartet.
Alcazar
- Second Rd. | North Pattaya
  Tel. 08 1781 1703
  www.alcazarthailand.com

Die Parkanlagen der Nong Nooch Tropical Gardens

Club Insomnia

Gilt als Pattayas schickste Disco: Party People statt Gewerbesex.

• Walking Street | Tel. 0 3871 1322
  www.clubinsomniagroup.com

Mixx und Limalima

Zwei beliebte Discos im gleichen Haus.

• Bali Hai Pier | Walking Street

Tiffany

• Second Rd. | North Pattaya
  Tel. 0 3842 1701
  www.tiffany-show.co.th

AUSFLÜGE VON PATTAYA

NONG NOOCH TROPICAL GARDENS  C7

Eindrucksvoll sind die botanischen Anlagen 17 km südlich von Pattaya – im Taxi 25 Min. – mit Orchideenzucht, Palmen und Kakteen.

In der Thai Cultural Hall gibt es Aufführungen (tgl. 10 und 15 Uhr)

traditioneller thailändischer Tänze, Muay Thai Boxen und weitere landestypische Shows.

KO-LAN-INSELN C7

Die Inseln vor der Küste Pattayas bieten sogar ein paar Korallenriffe. Auf der namengebenden Insel gibt es einfache Unterkünfte und regelmäßigen Fährverkehr mit Pattaya. Die kleineren Inseln sind unbewohnt und ideal für Robinsonaden per Charterboot (Wasser und Proviant mitnehmen).

KO SAMET 7 ⭐ C7

Die kleine küstennahe Insel hat einige der schönsten Strände Thailands. Weltklasse ist Hat Sai Kaeo – fast staubfeiner, weißer Sand unter rauschenden Palmen. Obwohl Ko Samet Naturschutzgebiet ist und daher nicht bebaut werden dürfte, hält die touristische Erschließung an.

Einsame Bucht auf der Urwaldinsel Ko Chang

Die Insel ist häufig ausgebucht. Der Besuch lohnt sich nur während der Woche und nicht als Tagesausflug. Boote fahren von Ban Phe, 60 km südöstlich von Pattaya, erreichbar per Minibus.

HOTEL

Ao Prao Resort €€€
Resort mit schönen Bungalows oberhalb eines wundervollen Strands an der ruhigeren Westküste. Gutes Restaurant.
• Ao Prao Beach | Tel. 0 2438 9771
  www.samedresorts.com

KO CHANG 8 📖 D7

Die meisten schicken Hotels der gebirgigen großen Urwaldinsel Ko Chang säumen den Strand **Hat Sai Khao** (White Sand Beach) nahe des Fähranlegers an der Westküste. Junge Backpacker ziehen **Hat Tha Nam** im Süden vor, der zwar Lonely Beach genannt wird, aber durch die nächtlichen Partys alles andere als einsam ist. Schnorchler und Taucher schätzen die **Bang Bao Bay** an der Südwestspitze wegen der vorgelagerten Korallenriffe und Unterwasserberge zwischen Ko Chang und der Insel Ko Kut.

ANREISE

• **Fähre** von Laem Ngop, 20 km südlich der Stadt Trat (Flug- und Busverbindung mit Bangkok).

HOTELS

KC Grande Resort €€–€€€
Teils luxuriöse Bungalows am Strand, die besten mit Whirlpool (aber überteuert).
• Hat Sai Khao | Tel. 0 3955 2111
  www.kckohchang.com

Paradise Cottage €–€€
Coole Unterkunft am Meer für anspruchsvollere Rucksackreisende.
• Lonely Beach | Tel. 0 8177 39337
  www.paradisecottageresort.com

RESTAURANTS

Thor's Palace €€
Beste Thai-Küche mit Meeresfrüchten.
• Hat Sai Khao | Tel. 0 8192 72502

India Hut Restaurant €€
Gute Punjab-Gerichte.
• Hat Sai Khao | Tel. 0 8144 13234

La Dolce Vita €€
Gute italienische Küche.
• Grand View Plaza 1 | Tel. 08 9683 5057

AKTIVITÄTEN

Informationen über **Tauchspezialisten** auf
Ko Chang bietet die Website www.koh
chang.de/tauchen.htm.
Elefantentrekking durch den Urwald zu
erfrischenden Wasserfällen ist sehr popu-
lär, doch leider ist die artgerechte Behandlung der Tiere in keinem Camp gewähr-
leistet.
Jungle Fever (0 81588 3324, www.jungle
fever.in.th) arrangiert ein- oder mehrtägige Wanderungen.

DIE WESTLICHE GOLFKÜSTE

PHETCHABURI　9　📕 B6

Die Geschichte der Stadt geht auf
das älteste buddhistische Reich
in Siam zurück. Phetchaburi war
eine Lieblingsresidenz der Herr-
scher der Chakri-Dynastie. Auf
dem Palasthügel thront die 1859
von König Rama IV. erbaute Sommerresidenz **Phra Nakhon Khiri,**
die ihre westlichen Einflüsse nicht
verleugnen kann. Sie ist von mehreren Tempeln umgeben, darunter
der **Wat Maha Samanaram** aus der
Ayutthaya-Zeit, der **Wat Phra
Kaeo,** der an den gleichnamigen
Tempel in Bangkok erinnert, und
der **Phrathat Jomphet,** ein großer
weißer Chedi. In Phetchaburi selbst
sind vor allem der **Wat Yai Suwan-
naram** aus dem 17. Jh. mit erlesenen Holzschnitzereien sowie der
Wat Ko Kaeo Sutharam mit
besonders schönen **Wandmalerei-
en** aus der Ayutthaya-Periode zu
erwähnen. Beide liegen am Fluss.

Ein beliebtes Ausflugsziel (zu erreichen mit Taxi oder Dreirad-
samlor) ist der 5 km nördlich der
Stadt gelegene Höhlenkomplex
Tham Khao Luang. Durch einen
Einsturztrichter einfallendes Tages-
licht erleuchtet zahlreiche Buddhastatuen, winzige Chedis und Tropf-
steine. Eine weitere populäre Höhle
mit einer großen Buddhastatue ist
die **Tham Khao Yoi,** 22 km nördlich. 70 km südwestlich von Phetchaburi liegt Thailands größter Nationalpark **Kaeng Krachan.** Seine
Regenwälder, Wasserfälle und Kalk-
steingipfel sind ein beliebter Tagesausflug für Wanderer.

HOTEL

Royal Diamond Hotel €
Saubere, komfortable Zimmer mit modernen Bädern, leider nicht sehr zentral
gelegen.
• Phet Kasem Rd.
　Tel. 0 3241 1061
　www.royaldiamondhotel.com

CHA-AM 10 ▮ B7

Eine knapp dreistündige Busfahrt bringt Pauschalurlauber von Bangkok in den Strandort, der hauptsächlich aus Kataloghotels besteht. Am Wochenende gesellen sich einheimische Studenten dazu. Wer's ruhiger mag, weicht nach Hua Hin weiter südlich aus.

HOTEL

Cha Inn@Cha-Am €€

Unkonventionelles Boutiquehotel in einem kreativ umgestalteten alten Haus am Strand.

• 274/34 Ruamjit Rd. | Tel. 0 3247 1879
  www.chainn-chaam.com

HUA HIN 11 ▮ B7

Anfang des 20. Jhs. entdeckte die königliche Familie im Hinterland dieses Fischerdorfes, 188 km südlich von Bangkok, neue Jagdgründe für Großwild. Bald darauf fanden die Hoheiten auch am Strand Gefallen – die Geburtsstunde von Thailands erstem Badeort. Nach dem Bau der Eisenbahnlinie von Bangkok nach Singapur erreichte man Hua Hin 1922 so bequem, dass Rama VII. hier 1926 seine Sommerresidenz errichten ließ. Der **Palast Klai Klangwon** (»Fern der Sorgen«) dient der königlichen Familie zum Rückzug vor Bangkoks Hitze. Der **Bahnhof** aus den 1920er-Jahren wurde bis ins Detail restauriert. Im Wesentlichen bewahrte Hua Hin seinen ursprünglichen Charakter – trotz etlicher Hochhäuser für Hotels und Eigentumswohnungen.

Die 5 km lange Bucht bietet einen sehr flachen, mäßig breiten, leicht grauen und gepflegten Sandstrand mit vielen Muschelsplittern. An einigen Stellen stehen altmodische Sonnenschirme und Liegestühle, meist ist es angenehm ruhig, es gibt fast keine Brandung. Das Wasser ist zwar nicht so klar wie im Süden, aber das gemütliche Hua Hin richtet sich auch eher an ein gesetztes Publikum, für das Schwimmen nicht im Vordergrund steht.

ANREISE

• Seit 2018 Katamaranverbindung mit Pattaya (www.royalferrygroup.com).

INFO

Tourism Authority of Thailand (TAT)

• Ecke Damnoenkasem und Petchkasem Rd. | Tel. 0 3251 1047

HOTELS

Centara Grand Beach Resort & Villas Hua Hin €€€

Das liebevoll restaurierte ehemalige Railway Hotel ist ein Prunkstück erhaltener Kolonialstilhotels in Südostasien. Ein wundervoll weißer Strandbau mit geschnitzten Balustraden, rotem Ziegeldach, polierten Teakholzböden, Deckenventilatoren, Korbmöbeln und einem herrlichen Garten sowie einer Schmetterlingszucht. Das Hotel war Kulisse für etliche Filme.

• 1 Damnoenkasem Rd.
  Tel. 0 3251 2021
  www.centarahotelsresorts.com

Chiva Som €€€

Überaus luxuriöses Wellnessresort mit holistischem Spa (Yoga, Tai Chi, Meditation und Massagen).

• 73/4 Petchkasem Rd.
  Tel. 0 3253 6536 | www.chivasom.com

Fresh Inn €€
Modernes Haus im Zentrum, nur 2 Min.
Fußmarsch vom Strand entfernt. Die Zimmer sind mit viel dunklem Holz und Thai-Seide sehr behaglich eingerichtet.
• 132 Naresdamri Rd.
  Tel. 0 3251 1309
  www.freshinnhuahin.com

RESTAURANTS

Bei Einbruch der Dunkelheit öffnet der **Nachtmarkt** in der Altstadt, der gutes und preiswertes Seafood bietet. Ecke Damnoenkasem/Petchkasem Rd. hat sich ein zweiter **Markt** etabliert, dessen Stände z. T. auch tagsüber offen sind.

Baan Itsara €€
Gutes Seafood (besonders Seebarsch und Muscheln) in reizendem Holzhaus.
• 7 Naeb Kehardt Rd. | Tel. 0 3253 0574

Brasserie de Paris €€
Köstliche Bouillabaisse und Steaks.
• 3 Naresdamri Rd.
  Mobil-Tel. 0 92434 7037
  www.brasseriedeparis.net

Cool Breeze €€
Mediterrane Tapas, ausgezeichnete Weine und Cocktails.
• 62 Naresdamri Rd.
  Tel. 0 3253 1062
  www.coolbreezecafebar.com

NIGHTLIFE

Einige Lokale der Altstadt bieten Livemusik zu wechselnden Zeiten. Einen Überblick über die Umgebung gewinnt man vom Dachgartenrestaurant des Hiltons.

Hua Hin ist Thailands erster Badeort

KHAO SAM ROI YOT
NATIONAL PARK ⑫ 🔖 B7

Kalkfelsen mit tiefen Höhlen, steile Klippen und bewaldete Täler machen den besonderen Reiz des Nationalparks südlich von Hua Hin aus. Dazu kommen Mangrovenwälder, Salzpfannen und vogelreiche Sümpfe, die man per Boot erkundet. Am **Laem Sala Beach** werden einfache Bungalows vermietet. Von hier wandert man in ½ Std. zur Höhle **Tham Phraya Nakhon.** Vormittags fällt durch die eingestürzte Decke Sonnenlicht auf den Pavillon, der 1890 für einen Besuch von König Rama V. gebaut wurde. Schön ist auch eine Wanderung (40 Min.) vom Hauptquartier der Nationalparkverwaltung zum **Khao Daeng Viewpoint** (152 m) mit großartigem Panorama.

ANREISE

• Per **Bus** oder **Zug** von Hua Hin bis Pranburi, von dort mit **Songthaeo.**

PHUKET UND
DER SÜDEN

Kalksteinfelsen, Longtail und türkis-
farbenes Meer – das ist Phuket

Phuket an der Andamanenküste ist ein Paradies für Strandurlauber, Wassersportler und Nachtschwärmer. Ko Samui bietet Postkartenstrände, und auf Ko Phangan machen Rucksacktouristen die Nacht zum Tag.

Die einstige Dschungelinsel **Phuket** ist das beliebteste Ziel sonnenhungriger Europäer an der Andamanenküste. An der Westküste liegen die populärsten Hotelstrände Patong, Karon und Kata. An den schönen Strandbuchten im Norden siedeln sich immer mehr Traumresorts an. Landeinwärts findet man Kautschukplantagen und Regenwälder. Mit seiner sino-portugiesischen Architektur ist Phuket Town unbedingt einen Ausflug wert, und vom Sonnenuntergang am »Kap der Götter« träumt man noch jahrelang.

Mit ihren dschungelbewachsenen Kalksteinriesen zog die **Phang Nga Bay** schon Hollywood in ihren Bann. Auf den Phi-Phi-Inseln können Sie wie Leonardo di Caprio nach dem »perfekten Strand« suchen. Der versteckt sich aber vielleicht auch in der einzigartigen Karstfelslandschaft bei **Krabi.** Weiter südlich verspricht **Ko Lanta** entspannte Urlaubstage an herrlichen Stränden. Nördlich von Phuket fasziniert die Andamanenküste mit Urwaldstränden um **Khao Lak,** Ausflügen zu den Tauchparadiesen der **Similan** und **Surin Islands,** Trekking- und Kanutouren durch die Urwälder des **Khao Sok National Park.**

Nur zwei Stunden Autofahrt sind es von der Phang Nga Bay an die Ostküste. Im südlichen Golf von Thailand sind drei Inseln touristisch erschlossen: Die »Kokosinsel« **Ko Samui** erfüllt Urlauberwünsche vom Whirlpool bis zur Hängematte. Das wildromantische **Ko Phangan** lockt Abenteurer und Partyfreaks. Das winzige **Ko Tao** verzückt Taucher mit prächtigen Korallenriffen. Sogar Walhaie kann man hier sehen.

Blick auf die Inselhauptstadt Phuket Town

TOUREN IN DER REGION

KREUZ UND QUER ÜBER PHUKET

ROUTE: Phuket Town › Bang-Pae-Wasserfall › Ao Po › Sirinat National Park › Nai Yang Beach › Thalang › Khao Phra Taeo National Park › Surin Beach › Kamala › Patong › Phuket Town

---

KARTE: Seite 95
DAUER UND LÄNGE: 1 Tag, ca. 120 km
PRAKTISCHE HINWEISE:
- Am besten nehmen Sie einen Mietwagen.
- Vorsicht: Unfälle alkoholisierter Motorradfahrer sind auf Phukets hügeligen Straßen häufig.

TOUR-START:
Frühmorgens taucht die Sonne die sino-portugiesischen Häuser von **Phuket Town ❶** › S. 95 in ein klares Fotolicht. Beim Thalang National Museum zweigt die Straße 4027 rechts ab. Folgen Sie dem Wegweiser zum Bang-Pae-Wasserfall, der im Regenwald plätschert. Zurück auf der Hauptstraße starten im Dörfchen Bang Rong Longtail-Boote zu Ausflügen in die Bucht von Phang Nga. Fahren Sie auf einer der kleinen Nebenstraßen weiter nach

Ao Po. Von dort setzen Longtails in 20 Minuten zur Pearl Farm auf Ko Nakha Noi über. Auf der Insel gibt es auch einen schönen Sandstrand. Wieder zurück in Ao Po fahren Sie über Bang Rong auf der 4027 ins Dorf Muang Mai. Ab hier folgen Sie dem Highway 402 zum einsamen **Bang Tao Beach ❻** › S. 96, der Teil des Sirinat National Park ist. Danach wenden Sie sich wieder gen Süden und genießen einen Badestopp am **Nai Harn Beach ❶** › S. 95. Durch Reisfelder und Gummibaumplantagen geht es weiter zum Nai Thon Beach und anschließend durch eine sanfte, grüne Hügellandschaft nach Thalang. Dort können Sie die schönen buddhistischen Tempel Wat Phra Nang Sang und **Wat Phra Thong** (etwas nördlich) **❶** › S. 96 besichtigen und anschließend die Zufahrtsstraße zum östlich gelegenen **Khao Phra Taeo National Park ❶** › S. 96 mit dem Gibbon Research Center nehmen. Die kleine Wanderung zum Ton-Sai-Wasserfall, deren 3 km man mühelos in einer knappen Stunde schafft, wird mit einem erfrischenden Bad im kühlen Nass belohnt. Von Thalang geht es auf der Straße 4030 nach Süden, vorbei an zahlreichen Obstplantagen. Am Strand von **Surin ❶** › S. 95 lockt das türkisfarbene Meer zum Sprung ins Wasser. Über Kamala fahren Sie zum **Patong Beach ❶** › S. 94. Von dort führt die Straße 4029 quer über die Insel zurück nach Phuket Town.

TOUR 4

NÖRDLICHE ANDAMANENKÜSTE

ROUTE: Phuket › Khao Lak › Similan Islands › Khao Sok National Park › Phang Nga Bay › Krabi

KARTE: Seite 92
DAUER UND LÄNGE: 5 Tage, ca. 400 km Autofahrt
PRAKTISCHE HINWEISE:
- Die Tour ist mit (Mini-)Bussen möglich, bequemer ist ein Mietwagen.
- In Khao Lak und Phang Nga großes Angebot an Ausflugsbooten.

TOUR-START:

Den Highway 4 von **Phuket** **1** › S. 94 nach **Khao Lak** **2** › S. 100 (ca. 90 km von Patong) säumen wilde Strände zur Linken, Regenwälder mit Wasserfällen zur Rechten. Genießen Sie den Sonnenuntergang an einem der Strände von Khao Lak. Hier gibt es zahlreiche Unterkünfte. Am Morgen des 2. Tages finden auch Kurzentschlossene Platz auf einem der Speedboote, die vom Thap Lamu Pier zu den **Similan Islands** **3** › S. 101 übersetzen. Gegen Abend geht es zurück nach Khao Lak und am 3. Tag weiter auf dem Highway 4 Richtung Norden. Gönnen Sie sich ein Bad am Bang Sak Beach oder eine Wanderung zu den Wasserfällen im Lam Ru National Park. Nach 45 km Autofahrt erreicht man dann die Provinzstadt Takua Pa. Von hier sind es auf der Straße 401 noch etwa 50 km bis zur Dschungellandschaft des **Khao Sok National Park** **5** › S. 101, einem Paradies für Wanderer und Kanufahrer. Sie können dort im Baumhaus übernachten. Am 4. Tag erreichen Sie über die Straße 415 Phang Nga (ca. 120 km). Am Nachmittag fahren Sie mit einem Longtail-Boot in den Sonnenuntergang der **Phang Nga Bay** **6** › S. 102 hinein. Wenn Sie die Nacht in einer der kleinen Unterkünfte des Ortes verbringen, können Sie im frühen Morgenlicht noch einmal die Märchenwelt der Bucht erleben, wenn das Wasser kristallblau leuchtet und die Karstkegel in intensivem Grün erstrahlen. Verbummeln Sie die Zeit bis zum Nachmittag, denn auch die Fahrt durch die Karstlandschaft nach **Krabi** **7** (ca. 80 km) › S. 102 ist im späten Sonnenlicht einfach nur traumhaft.

Stelzendorf in der Phang Nga Bay

TOUREN IM SÜDEN

TOUR ❹

NÖRDLICHE ANDAMANENKÜSTE FÜR SEENOMADEN

Phuket > Khao Lak > Similan Islands > Khao Sok National Park > Phang Nga Bay >
Krabi

TOUR ❺

INSELHÜPFEN AN DER SÜDLICHEN ANDAMANENKÜSTE

Krabi > Ko Phi Phi Don > Ko Phi Phi Le > Ko Lanta > Krabi

INSELHÜPFEN AN DER SÜDLICHEN ANDAMANENKÜSTE

ROUTE: Krabi › Ko Phi Phi Don › Ko Phi Phi Le › Ko Lanta › Krabi

KARTE: Seite 92
DAUER: mind. 5 Tage
PRAKTISCHER HINWEIS:
• Transport mit Schnellbooten und Longtails, Rückfahrt mit Bus.

TOUR-START:

Von **Krabi** 7 › S. 102 fährt um 9 Uhr das erste Schnellboot in zwei Stunden nach **Ko Phi Phi** 8 › S. 104. Verbringen Sie den Tag an einem der ruhigeren Strände an der Ostküste und genießen Sie den Blick vom Aussichtspunkt über die Landenge im Licht der Abendsonne. Am nächsten Morgen mieten Sie sich bei Sonnenaufgang ein Longtail – noch herrscht Ruhe in der herrlichen Maya Bay der Schwesterinsel Ko Phi Phi Le. Um 13 Uhr setzt ein Expressboot von Phi Phi in 1½ Std. nach **Ko Lanta** 9 (Saladan) › S. 104 über. Genießen Sie Strandfreuden am Klong Dao und Long Beach, buchen Sie einen Tauchausflug und schwimmen Sie durch eine smaragdgrün leuchtende Höhle. Drei Tage auf Lanta sollten es schon sein. Von hier sind es mit dem Bus 2 Std. zurück nach Krabi.

RUND UM KO SAMUI

ROUTE: Big Buddha Beach › Chaweng Beach › Lamai Beach › Ban Hua Thanon › Wat Khunaram › Laem Sor Chedi › Nathon › Maenam Beach › Bophut Beach › Big Buddha Beach

KARTE: Seite 107
DAUER: 1 Tag, reine Fahrtzeit ca. 2 1/2 Std.
PRAKTISCHE HINWEISE:
• Auf den Bergstrecken kommt es zu vielen Unfällen mit Motorrädern, ein Mietwagen ist sicherer.
• Am billigsten kommen Sie mit den Songthaeos voran, die Sie auf der ca. 52 km langen Ringstraße überall anhalten können. Sie machen auf Wunsch auch Abstecher.

TOUR-START:

Starten Sie frühmorgens am Big Buddha Beach P › S. 106, um die noch kühlen Stufen zum Big Buddha emporzusteigen und die herrliche Aussicht zu genießen. Danach geht es durchs Inselinnere zum Chaweng Beach N › S. 106: Zeit für ein Bad am weißen Sandstrand in der warmen Morgensonne! Dann fahren Sie weiter in Richtung Lamai Beach mit herrlichem Fernblick. Am Südende des Lamai Beach O › S. 106 geben die Felsen Hin Ta und Hin Yai ein schönes Fotomotiv im besten Licht ab. Beim verschlafenen Fischerort

Ban Hua Thanon lohnt ein Abstecher inseleinwärts zu Wasserfällen (nur Allradantrieb!). Auf dem Rückweg zur Küste machen Sie Halt am buddhistischen **Wat Khunaram** Ⓢ › S. 106 mit einem sonnenbebrillten mumifizierten Mönch.

An der Küste locken die Marktstände des Fischerdorfs Ban Nakhai mit Thaikost. Die einsame kleine Pagode Laem Sor Chedi am gleichnamigen Kap, der Südspitze der Insel, gehört zum gegenüberliegenden Wat. Von hier führen einige Stufen hinunter zu einem winzigen, fast immer einsamen Strand. Nun geht es auf der Ring Road wieder Richtung Norden. Im Dorf Ban Thong Krut verkauft der Naga Pearl Shop schöne Zuchtperlen. Kurz vor Nathon, dem Inselhafen, plätschert abseits der Ringstraße der Wasserfall Hin Lat. Über die Strände der Nordküste Maenam Beach Ⓡ › S. 106 und Bophut Beach Ⓞ › S. 106 geht es zurück zum großen Buddha.

AN DER ANDAMANENKÜSTE

PHUKET 1 🏛 A11

Kautschukplantagen, steile Klippen, dichter Urwald, weite Buchten mit herrlichen Stränden an der kristallklaren Andamanensee – die größte Insel Thailands ist ein Touristenmagnet mit Nobelunterkünften und phänomenalem Sportangebot.

DIE STRÄNDE
PATONG Ⓐ

An Phukets wohl bekanntestem Strand in einer weiten, sichelförmigen Bucht mit sanftem Gefälle wartet ein breites Angebot an Wassersport, Hotels, Restaurants und Geschäften. Hier konzentriert sich auch das Nachtleben. Leider verläuft die Straße zwischen dem Strand und den meisten Hotels.

KARON BEACH Ⓑ

Sanfter geschwungen als Patong, aber schmaler und optisch ein wenig karger ist der touristisch zweitwichtigste Strand. Hier kann man ebenfalls Wassersport treiben und sich nächtens amüsieren, der Rummel ist aber nicht so groß. Auch hier trennt die Straße Hotels und Strand.

KATA BEACH Ⓒ

Der malerische Strand säumt eine von Hügeln umrahmte Bucht und wird durch ein Kliff in den größeren Kata Yai und den kleineren Kata Noi geteilt. Zwischen Kata und Chalong bietet die größte Buddhastatue der Welt eine fabelhafte Aussicht.

NAI HARN BEACH Ⓓ

Lang, geschwungen und dank eines Klosters wenig erschlossen präsentiert sich der idyllische Strand am Südwestzipfel der Insel, der bisher fast ausschließlich den Gästen des exklusiven **Royal Meridien Phuket Yacht Club Hotels** (www.phuket.com/yacht-club) vorbehalten ist.

KAMALA BEACH 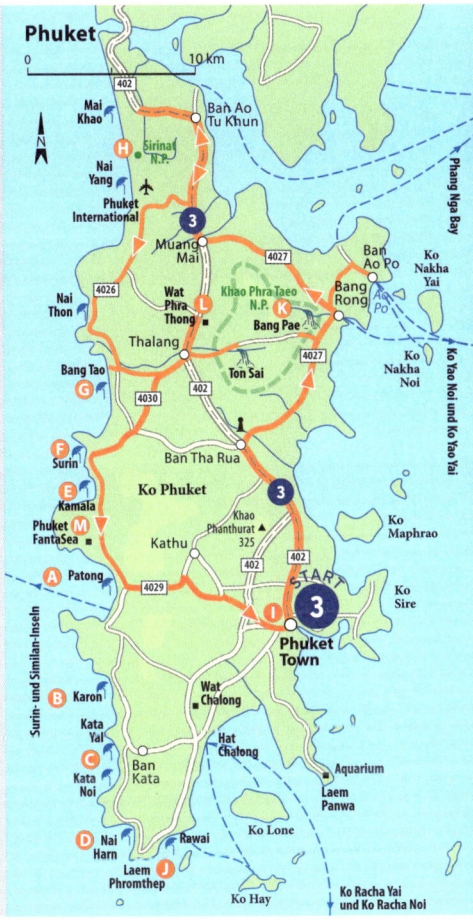 E

Der kleine, hübsche und ebenfalls sehr ruhige Strand nördlich von Patong hat einen breiten flachen Sandstrand, der zum Schwimmen weniger geeignet ist. Im freundlichen Dorf Kamala leben vorwiegend Muslime. Außer direkt am Strand empfiehlt es sich daher, dezente Kleidung zu tragen.

SURIN BEACH F

Der ruhige und breite Strand wird im Wesentlichen von zwei Hotels der sehr gehobenen Kategorie belegt. Es hat allerdings auch einen guten Grund, dass hier nicht mehr los ist: Starkes Gefälle und Unterwasserströmungen können den Schwimmern überaus gefährlich werden.

TOUR AUF PHUKET

TOUR ❸

KREUZ UND QUER ÜBER PHUKET ▸ S. 90

Phuket Town ▸ Bang-Pae-Wasserfall ▸ Ao Po ▸ Sirinat National Park ▸ Nai Yang Beach ▸ Thalang ▸ Khao Phra Taeo National Park ▸ Surin Beach ▸ Kamala ▸ Patong ▸ Phuket Town

Ⓐ Patong
Ⓑ Karon Beach
Ⓒ Kata Beach
Ⓓ Nai Harn Beach
Ⓔ Kamala Beach
Ⓕ Surin Beach
Ⓖ Bang Tao Beach
Ⓗ Sirinat National Park
Ⓘ Phuket Town
Ⓙ Laem Phromthep
Ⓚ Khao Phra Taeo National Park
Ⓛ Wat Phra Thong
Ⓜ Phuket FantaSea

BANG TAO BEACH G

Die Bucht ist ein Paradeprojekt der thailändischen Tourismusindustrie. Ein riesiges Zinnminenareal wurde quasi renaturiert und für fünf ausgedehnte Luxusresorts sowie einen Golfplatz rund um eine stille Lagune völlig neu erschlossen.

SIRINAT NATIONAL PARK H

Phukets mit 12 km längster Strand, der Mai Khao Beach, sowie Teile des kleinen Nai Yang Beach im Nordwesten der Insel mit wunderschönen Kautschukwäldern im Hinterland stehen unter Naturschutz. Hier legen zwischen November und Februar Seeschildkröten ihre Eier ab.

PHUKET TOWN I

Die lebendige Inselhauptstadt (75 000 Einw.) lohnt einen Besuch. Im Zentrum lockt ein farbenfroher Markt, und die bezaubernde sino-portugiesische Zuckerbäckerarchitektur aus dem 19. Jh. ist mehr als ein Foto wert. Südwestlich der Stadt liegt Wat Chalong, in dem die Sta-

---

💬 VEGETARIERFEST

Ein wahrlich wildes Fest bildet zum Beginn der taoistischen Fastenzeit Ende September/ Anfang Oktober den Höhepunkt des Jahres. Im Mittelpunkt der neuntägigen Feiern stehen von chinesischen Geistern besessene Medien, die sich im Trance-zustand Zungen und Wangen durchbohren oder barfuß über glühende Kohlen laufen.

---

tuen von Mönchen verehrt werden, die sich unter Rama V. besonders verdient gemacht haben.

LAEM PHROMTHEP J

Das Kap der Götter an der Südwestspitze bietet einen herrlichen Postkartenblick über die Buchten und Strände, bietet aber bei Sonnenuntergang kaum noch Platz für die Massen der Fotografierwütigen.

KHAO PHRA TAEO NATIONAL PARK K 5

Phukets letzter Regenwald lädt im Norden der Insel zu Wanderungen ein. In der Nähe des Bang-Pae-Wasserfalls bemüht sich das Gibbon Research Center (www.gibbonproject.org) mit großer Geduld, halbzahme Weißhandgibbons auf ein freies Leben im Dschungel vorzubereiten.

WAT PHRA THONG L

Westlich des Naturschutzgebietes gibt in diesem Tempel eine Buddhastatue Rätsel auf. Bis auf den mit Blattgold übersäten Kopf und die Schultern ist der Erleuchtete im Boden vergraben. Alle Versuche, die Statue freizulegen, scheiterten offenbar an ihren magischen Kräften.

PHUKET FANTASEA M

Das Kulturspektakel nahe Kamala kann es mit Las-Vegas-Shows aufnehmen! Gebucht werden kann überall auf Phuket, online unter www.phuket-fantasea.com (Eintritt 1800 Baht, mit Dinner 2200 Baht. Geöffnet tgl. außer Do 17.30 bis 23.30 Uhr).

INFO

Tourism Authority of Thailand (TAT)
Gute Gratisbroschüre What's on Phuket.
Infos auch online unter www.phuket.com.
- 63 Thanon Thalang
  Tel. 0 7621 2213
  www.tourismthailand.org

ANREISE

- **Flugzeug:** Phuket International Airport, 28 km nördlich von Phuket Town. Transfer zu den Stränden mit Coupon-Taxis; die Preise (pro Wagen!) liegen in der Ankunftshalle aus. Blaugelbes Taxi mit Taxameter vom Flughafen nach Phuket Town ca. 700 Baht, Patong ca. 800 Baht, Khao Lak (1 Std.) ca. 1800 Baht.
- **Bus:** zwischen Phuket Bus Terminal (Tel. 0 7621 1480) im Osten von Phuket Town und Bangkok (10–14 Std.), Krabi (3 Std.), Phang Nga (1 1/2 Std.) und Suratthani (4 Std., dort Fähre nach Ko Samui).

HOTELS

Baan Yin Dee €€€
Charmantes und intimes Resort, trotz der Lage erstaunlich ruhig. 21 geräumige Zimmer mit Balkon, eingerichtet in hippem, modernem Thai-Stil. Großer Pool und exzellentes Restaurant.
- 7/5 Muean Ngen Rd. | Patong
  Tel. 0 7636 4591
  www.baanyindee.com

Impiana Phuket Cabana €€€
Tolle Lage mitten in Patong und direkt am Strand. Thai-Kunst im Foyer, erstklassige Fusionsküche im Restaurant Sala Bua. Schöner Pool, renommiertes Tauchzentrum und Spa.
- 41 Taweewongse Rd. | Patong
  Tel. 0 7634 0138
  www.impiana.com

Layalina Hotel €€€
Boutique-Hotel in modernem Thai-Schick. Am schönsten sind die zweistöckigen Suiten mit Dachterrasse. Pärchentaugliche Jacuzzis in den Zimmern.
- Kamala Beach | Tel. 0 7638 5944
  www.layalinahotel.com

Mövenpick Resort and Spa €€€
Weißes Hotel mit tollem Design, riesigem Pool und Spa. Zimmer mit Panoramafenstern, einige Villen bieten sogar einen attraktiven Privatpool.
- Karon Beach | Tel. 0 7639 6139
  www.moevenpickhotels.com

Mom Tri's Boathouse €€€
Kleines Luxushotel in Traumlage am Strandende. Viele Zimmer mit super Meerblick. Das Restaurant Boathouse Wine & Grill serviert französische und Thai-Küche. Spektakuläre Weinkarte mit erlesenen Positionen aus aller Welt.
- Kata Beach | Tel. 0 7633 0015-7
  www.boathousephuket.com

Trisara €€€
Abgeschiedene Teak-Villen mit Blick auf den Ozean, Infinity-Pools und himmlischen Betten. Erstklassige Küche, tolle Bar, edles Spa. Und jede Menge Privatsphäre, also ideal für verliebte Pärchen.
- Nai Thon Beach | Tel. 0 7631 0100
  www.trisara.com

Andaman Bangtao Bay Resort €€–€€€
Relaxte Anlage am ruhigen Ende des Strands. Die schönen Thai-Bungalows haben fast alle Meerblick. Seafoodrestaurant und Cocktailbar.
- Bang Tao Beach | Tel. 0 7627 0246
  www.andamanbangtaobayresort.com

Das Kap der Götter, Laem Phromthep

Baipho & Baithong €€
Mystisches Zen-Buddha-Design und viele
Annehmlichkeiten für die Preisklasse. Gute
italienische und Thai-Küche. Pool im Montana Grand Phuket nebenan.
• 205/12-13 Rat-U-Thit Rd. | Patong
  Tel. 0 7629 2074 | www.baipho.com

Palmview Resort €–€€
Freundliches Hotel unter deutscher Leitung mit komfortablen Zimmern, nettem
Restaurant und kleinem sauberem Pool.
• Patong | Tel. 0 7634 4837
  www.palmview-resort.com

Patong Terrace Boutique Hotel €
Beliebtes kleines Hotel, wenige Gehminuten vom Strand und vom Einkaufszentrum
Jungceylon entfernt. Sehr saubere Zimmer
mit bequemen Betten und Regenduschen.
• 209/12-13 Rat-U-Thit Rd. | Patong
• Tel. 0 7651 0540 | www.patongterrace.com

The Memory At On On €€
Traditionshotel mit sino-portugiesischer
Architektur. Die Zimmer sind zen-minimalistisch gestaltet.

• Thanon Phang Nga Rd. | Phuket Town
  Tel. 0 7636 3700
  www.thememoryhotel.com

RESTAURANTS
Acqua Restaurant €€€
Kreative Küche eines italienischen Küchenchefs in sehr romantischem Ambiente.
Vorzügliche Weinkarte
• Kelim Bay | Tel 0 7661 8127
  www.acquarestaurantphuket.com

Baan Rim Pa €€€
Thai-Restaurant in toller Lage über den
Klippen. Sehr lecker ist die scharfe Gemüsesuppe mit Shrimps. Noble Weinkarte,
dazu Livejazz.
• 223 Prabaramee Rd. | Patong
• Tel. 0 7634 0789 | www.baanrimpa.com

Da Maurizio €€€
Leckere Pasta, Phuket-Lobster und schwarze Krabben aus Phang Nga, eindrucksvolle
Weinkarte.
• 223/2 Prabaramee Rd. | Patong
  neben Baan Rim Pa
  Tel. 0 7634 4079 | www.damaurizio.com

Kaab Gluay €€
Wirklich gute und dabei recht preiswerte
authentische Thaigerichte, auch frisches
Seafood. Viele einheimische Familien. Kli-
matisierter Bereich und offene Terrasse.
• 58/3 Prabaramee Rd. | Patong
  Tel. 0 7634 0562

Kopitiam by Wilai €
Traditionelle thai-chinesische Gerichte, die
auf alten Familienrezepten basieren und
oft mit den Kräutern aus dem Laden nebenan gewürzt sind.
• 18 Thalang Rd. | Phuket Town
  Tel. 0 83606 9776

The 9th Floor Restaurant & Bar €€
Open-Air-Dachterrasse im Retrodesign,
toller Ausblick, internationale Küche.
• Sky Inn Condotel | Patong Beach
  Tel. 0 7634 4311
  www.the9thfloor.com

Trattoria del Buongustaio €€
Feine Pasta, leckeres Seafood und toller
Ausblick.
• Nai Harn Beach | Tel. 0 87467 2554
  www.trattoriabuongustaio.ilmiosito.net

Phuket Towns **Marktstände**, an der Kreuzung von Tilok Uthit 2/Ong Sim Rd., bieten
leckere Thaigerichte für rund 1 € an.

SHOPPING
Nur 10 Min. zu Fuß sind es vom Patong
Beach zur Luxusmall **Jungceylon** (www.
jungceylon.com). Phuket Town lockt mit
dem Einkaufszentrum **Central Festival
Phuket** (www.central.co.th) und den wunderschönen Seidenstoffen von **Ban Boran
Textiles**, 51 Yaowarat Rd. An der Nordwest-
küste findet man nahe Surin Beach Antiquitätenläden und Galerien.

NIGHTLIFE
• Klassiker sind die Transvestitenshows
  des **Simon Cabaret** (Tel. 0 7634 2011)
  sowie die **Banana Disco** in der Thawi-
  wong Rd., die etwas weniger anrüchig
  wirkt als die Go-Go-Bars in der Soi
  Bangla. Besonders beliebt ist der **Club
  Tiger Patong** (Bangla Rd., www.tiger
  grouppatong.com), seriöser der Mega-
  club **Illuzion** (www.illuzionphuket.com).
  Musikalischer Hotspot ist der **Red Hot
  Club** (86 Bangla Road), in dem oft Live-
  Rockmusik gespielt wird.
• **Karon:** Man trifft sich in dem Irish Pub
  Angus O'Tooles (www.otools-phuket.
  com).
• **Kata:** toller Sonnenuntergang von der
  Terrasse der After Beach Bar. Weitere
  Treffpunkte sind Art Space Cafe & Gallery
  und Ska Bar.
• **Phuket Town:** Das Timber Hut (118/1 Yao-
  warat Rd., Tel. 0 7621 1839) ist die wildes-
  te Party-Location.

AKTIVITÄTEN
• **Santana** in Patong (www. santanaphuket.
  com) ist ein erfahrener deutscher Veranstalter von Tauchausflügen.
• **The Junk** in Kata (www.thejunk.com)
  bietet Segel- und Tauchexkursionen mit
  einer alten Luxusdschunke.
• **Phuket International Horse Club** organisiert Ausritte am Strand von Bang Tao
  und durch kühle Wälder (www.phuket
  horseclub.com).
• **Blue Canyon Country Club** Der Golfplatz
  in Thalang hat zwei preisgekrönte
  18-Loch-Greens (www.phuketgolfcourse.
  com).
• **Sea Canoe** in Phuket Town (www.sea
  canoe.net) organisiert seit 30 Jahren
  Paddeltouren für kleine Gruppen durch
  die Phang Nga Bay.

KHAO LAK 2 📕 A10

Auf dem Festland mündet rund 80 km nördlich von Phuket der kleine urwaldbedeckte Khao Lak National Park in **kilometerlange Strände,** allen voran Nang Thong, Bang Niang und Khuk Khak, die bei deutschsprachigen Familien und Tauchern hoch im Kurs stehen. Ein schönes Ziel für einen Tagesausflug mit Bambusfloßfahrt, Wanderungen, Bad im Wasserfall und Aufenthalt an einem verlassenen Strand ist der **Asia Safari Park** oberhalb des Khao Lak Beach (www.holiday-service-khaolak.com).

INFO
Gute Infos und Buchungsservice: www.khaolak.de

ANREISE
• **Flughafen von Phuket** etwa 1 Std. von Khao Lak. Airport-Taxi ca. 1800 Baht; Minibusse 600 Baht.

HOTELS
Aleenta Phang-Nga €€€
Boutique-Resort an Sandstrand, einige Villen mit Privatpool. Raffinierte Thai-Küche. Spa mit Detoxprogramm.
• Natai (Pilai) Beach | Tel. 0 2514 8112
  www.aleenta.com/phuket

Khao Lak Paradise Resort €€€
Zu den toll eingerichteten Unterkünften am schönen Strand geht es von der Lobby über einen Steg durch den Urwald. Bungalows z. T. mit Meerblick. Schöner tropischer Garten, Restaurant und Bar am Meer.
• Nang Thong Beach | Tel. 0 7642 9100
  www.khaolakparadise.com

Pullman Khao Lak Katiliya Resort & Spa €€€
Luxusanlage an langem Strandabschnitt mit traumhaft weißem Sand. Kinderfreundlicher großer Pool, schönes Spa.
• Pak Weep Beach | Tel. 0 7642 7500
  www.pullmanhotels.com

The Sarojin €€€
Zweistöckige Villen mit Terrasse in japanisch inspirierter Gartenanlage an weißem Strand. Spa und Infinity-Pool. Privates Speedboat zu den Similans, Trekking durch die nahen Regenwälder der Nationalparks.
• Khuk Khak Beach | Tel. 0 7642 7900
  www.sarojin.com

Ban Sainai Resort €€
Romantische und komfortable Gartenbungalows. Großer Pool mit fantastischem Blick auf die Karstformationen.
• Ao Nang Beach | Tel. 0 7581 9333
  www.bansainairesort.com

Nangthong Beach Resort €€
Günstig, in bester Strandlage, mit Pool und Restaurant. Besonders schön sind die Bungalows.
• Nang Thong Beach | Tel. 0 7648 5088
  www.nangthong.com

RESTAURANTS
Hill Tribes Restaurant €€
Vorzügliche Küche aus dem Norden Thailands, die nach traditionellen Rezepten der Bergvölker zubereitet wird.
• Bang Niang | Tel. 0 86283 0933
  www.hilltribe-restaurant.com

Joe's Steakhouse €€
In dem von Joe in eigener Handarbeit wieder aufgebauten Restaurant wird Deutsch

Der Khao Sok National Park, eine Landschaft aus Karst, Urwald und Wasser

gesprochen. Hier gibt's leckere Steaks in angenehmer Atmosphäre.
• Bang Niang Beach

SHOPPING

Im **Khao Lak Centre** am Nang Thong Beach gibt es zahlreiche kleine Läden mit Kleidung und Souvenirs.

SIMILAN ISLANDS 3 🔯 🔳 A10 UND SURIN ISLANDS 4 🔳 A9

Die vor Khao Lak gelegenen **Similan Islands** begeistern mit tropischem Regenwald, schneeweißen Stränden mit runden Granitfelsen und dem in allen Blautönen schimmernden Meer. Traumhafte Unterwasserreviere mit bunten Korallen, Walhaien und Mantas bieten sich hier ebenso wie rund um die weiter nördlich gelegenen **Surin Islands.**

Speedboote benötigen eine gute Stunde für die Überfahrt von Khao Lak. Taucher sind auf Live-Aboard-Tauchschiffe angewiesen, da die Inseln keine Kompressoren haben. Zu empfehlen sind Medsye Travel & Tours (www.similanthailand.com), für Schnorcheltouren auch Poseidon (www.similantour.com). Laut Nationalparkverwaltung sind ab Oktober 2018 Übernachtungen auf den Similan Islands nicht mehr erlaubt.

KHAO SOK NATIONAL PARK 5 🔳 A10

In den hügeligen Regenwäldern leben Makaken, Warane, Adler, Tapire und Nashornvögel. Wer diese Tiere tatsächlich sehen will, braucht einen kundigen Guide. Der Nationalpark bietet auch Höhlen, Kalksteinfelsen, Wasserfälle und schöne

Bootsfahrten. Hier wächst die Raff-
lesia, der Welt größte Blume. Infos
zum Park unter www.khaosok.com.

HOTELS

Khao Sok Riverside Cottage €€
Geräumige Bungalows mit Panoramafenstern und Blick auf den Dschungel-
garten. Restaurant direkt am Fluss.
• Tel. 0 7739 5159 | www.khaosok.net

Nature Resort €–€€
Anlage mitten in der Natur mit Baum-
häusern und Bungalows.
• Tel. 0 8612 00588
  www.khaosoknatureresort.com

die »James-Bond-Insel« **Ko Phing
Kan** sowie die Felseninsel **Ko Panyi**
mit ihrem muslimischen Fischer-
dorf auf Stelzen ist mitunter ohren-
betäubend. Teurer, aber um einiges
interessanter und ökologisch auch
wesentlich akzeptabler sind Ausflüge mit gecharterten Segeljachten.
Auf Kanutouren lernt man die stille,
berauschende Lagunenwelt der so-
genannten *hongs* kennen: Hohlräu-
me innerhalb der Karstberge. Ein
erfahrener Veranstalter für Kanutouren ist John Gray's Sea Canoe in
Phuket (Tel. 0 7625 4505-7, www.
johngray-seacanoe.com).

PHANG NGA BAY 6 A10

Die Küstenprovinz ist weltberühmt
für ihre fantastischen Höhlen und
Kalksteinfelsen, die teils Hunderte
von Metern aus dem Meer ragen.
Tagestouren werden von allen Veranstaltern Phukets angeboten. Das
Dröhnen der Motorboote rund um

KRABI 7 B10

Das beliebte Reiseziel umfasst eine
Reihe kleinerer, unterschiedlicher
Strände in der wildromantischen
Bucht von Phang Nga. In **Krabi
Town** findet man gute Gastrono-
mie, preiswerte Hotels und Gäste-
häuser sowie ein munteres Nachtle-

Der berühmte »James-Bond-Felsen« ist nur im Film in die Luft geflogen

ben. Per Sammeltaxi oder Boot geht es zu den Stränden.

Versäumen Sie nicht den Ausflug zum **Tempel der Tigerhöhle** (Wat Tham Sua), einem Waldkloster in gruselig-schöner Grottenlage. 1237 Stufen führen hinauf zum Fußabdruck Buddhas und zu einem hinreißenden Blick über Krabis Felsen.

Der ruhige, 2 km lange Strand von **Nopparat Thara**, 20 km im Norden, gehört zu einem Nationalpark und ist bei einheimischen Ausflüglern beliebt. Gleich südlich ist der **Ao Nang Beach** fest in der Hand europäischer Pauschaltouristen. Noch weiter südlich, und wegen der umliegenden Klippen nur mit dem Boot ab Krabi oder Ao Nang zu erreichen, liegen die Strände **Rai Leh** und **Phra Nang** – mit weißem Pudersand, umgeben von hohen Sandsteinfelsen, die ein Eldorado der Kletterer sind (Infos: www.railayadventure.com, www. railay.com). › mehr S. 12 Punkt ❶

INFO

Tourism Authority of Thailand (TAT)
- Uttarakit Rd. | Krabi Town
  Tel. 0 7562 2164

ANREISE

- **Flugzeug:** tgl. von/nach Bangkok
- **Bus:** vom Flughafen Phuket (2–3 Std.), Phang Nga (2 Std.), Suratthani (2–3 Std.).
- **Schiff:** Phuket (2 Std.), Ko Phi Phi (1 1/2 Std.) und Ko Lanta (1 1/2 Std.)

HOTELS

Railei Beach Club €€€
Ferienbungalows von elegant bis rustikal aus Holz direkt am Traumstrand.

- Rai Leh Beach | Tel. 0 8668 59359
  www.raileibeachclub.com

Rayavadee Villas €€€
Luxuriöse Pavillons in absoluter Traumlage am Strand. Mehrere Restaurants, tolle Massagen im Spa, großer Pool.
- Rai Leh Beach und Phra Nang Beach
  Tel. 0 7562 0740 | www.rayavadee.com

Krabi River Hotel €€
Freundliches Hotel am Krabi River. Klimatisierte, komfortable Zimmer mit heißer Dusche, manche auch mit Balkon.
- 7311 Khongkha Rd. | Krabi Town
  Tel. 0 7561 2321
  www.krabiriverhotel.com

Lai Thai Resort €€
Hübsche Thai-Häuser und Pool bei den Kalksteinfelsen, etwas abseits vom Strand.
- Ao Nang Beach | Tel. 0 7569 5091
  www.laithai-resort.com

RESTAURANTS

Anchalee €–€€
Himmlische thailändische Küche. Hübscher Garten. › mehr S. 14 Punkt ⓭
- 315/5 Maharat Rd. | Krabi Town
  Tel. 0 7563 1797

The Last Café €
Klassiker am südlichen Ende der Strandstraße: selbst gebackenes Brot und Kuchen, gute westliche und Thai-Snacks.
- Ao Nang Beach

TAUCHEN

Aqua Vision Dive Centre
Tauchzentrum mit Schule, das auch Tauchgänge zu Walhaien und Mantas anbietet.
- Ao Nang Beach | Mobil-Tel. 08 6944 4068
  www.aqua-vision.net

KO PHI PHI 8 📖 A11

Seinen Ruhm verdankte **Phi Phi Don,** die größere der beiden Inseln, seinen beiden sichelförmigen Stränden, die Rücken an Rücken liegen und nur durch den schmalen Streifen eines Kokoshaines getrennt werden. Nach den verheerenden Schäden des Tsunami von 2004 ist die halbmondförmige Ton Sai Bay wieder fast nahtlos bebaut. Wer zum ersten Mal den Blick vom Aussichtspunkt hoch über der Ton Sai Bay und Lo Dalam Bay genießt, wird trotzdem überwältigt von der grün überwucherten Kalksteinlandschaft, den weißen Strandbuchten und der türkisfarbenen See. An den Stränden der lang gestreckten Ostseite der Insel stehen noch wenige Bungalowanlagen, und wer sich mit einem Boot die Küste entlangschippern lässt, findet vielleicht sogar eine einsame Bucht.

Die smaragdgrüne Maya Bay der unbewohnten, schrofferen Schwester **Phi Phi Le** war Kulisse für den Hollywoodfilm »The Beach« mit Leonardo Di Caprio. Auch deswegen wird die Bucht heute tagsüber von Ausflugsbooten belagert – hier geht es wirklich zu wie auf einem Rummelplatz. Seit 2018 ist die Bucht nun zwischen Juli und Oktober aus Naturschutzgründen für Besucher gesperrt. Taucher und Schnorchler zieht es zu den Korallengärten bei **Ko Bida Nok** und **Hin Bida** ganz im Süden.

INFO
Viele Infos im Web: www.phi-phi.com

ANREISE
• **Schiffe** zwischen Phi Phi und Phuket (ab 2 Std.), Krabi (ca. 2 Std.) und Ko Lanta (nur Hochsaison, ca. 2 Std.).

HOTELS
Phi Phi Island Village Beach Resort €€€
Schöne Bungalows im Thai-Stil mit Strohdächern direkt am Loh Ba Gao Beach in einem Kokospalmenhain, z. T. mit fantastischem Meerblick. Bei Ebbe kann man nicht baden, dafür entschädigt ein großer Pool.
• Loh Ba Gao Beach | Tel. 0 7562 8900
www.phiphiislandvillage.com

Phi Phi Natural Resort €€–€€€
Komfortable, klimatisierte Bungalows an ruhigem Strand im Norden und einfachere Zimmer in einem Reihenhaus.
• Tel. 0 7581 8706-7
www.phiphinatural.com

KO LANTA 9 📖 B11

Auf Lanta reizen nicht nur stille Strände, romantische Klippen und Berge sowie echter, dichter Urwald, sondern auch eine freundliche Bevölkerung muslimischer Fischer und Seenomaden. Von Norden nach Süden wird Lanta immer wilder. Der Fährhafen **Saladan** an der Nordspitze bietet Infrastruktur (Krankenhaus, Supermarkt, Tauchshops). Am **Klong Dao** und **Long Beach** findet man Bungalowanlagen, schöne Strandrestaurants und Bars.

Tham Morakot (Emerald Cave) auf dem Inselchen Ko Muk südlich von Ko Lanta ist ein Naturwunder: Durchschwimmt man die Höhle mit türkis leuchtendem Wasser, öffnet sich eine lichtdurchflutete Lagune.

INFO
www.lantainfo.com

ANREISE
- **Bus:** Minibusse von/nach Krabi (inkl. Fährüberfahrt)
- **Schiff:** Expressboote Nov.–April tgl. zwischen Krabi, Phi Phi und Lanta (ca. 2 Std.), Mai–Okt. je nach Wetterlage

HOTELS
Pimalai Resort & Spa €€€
Exquisites Wellnesshotel im Regenwald oberhalb eines privaten, weißen Strandabschnitts am Südwestzipfel von Ko Lanta, wunderschöner Infinity-Pool.
- Ba Kan Tiang Beach
  Tel. 0 7560 7999 | www.pimalai.com

Relax Bay €€–€€€
Pfahlhütten und Bungalows aus Holz, Palmwedeln und Bambus am Strand und am Hang unter Bäumen, tolle Aussicht. Yoga-, Massage-, Kochkurse.
- Pha Ae Beach (südlich von Long Beach)
  Tel. 0 7568 4194 | www.relaxbay.com

The Narima Bungalow Resort €€
Hübsche Bungalows mit spektakulärem Blick auf Ko Ha, etwas felsige Küste. Infinity Pool, Mopedverleih, gute Tauchschule. Warmherzige Besitzer.
- Klong Nin Beach | Tel. 0 7560 7700
  www.narima-lanta.com

RESTAURANTS
An der Promenade des Klong Dao Beach südlich von Ban Saladan empfehlen sich **Bei Hans** (km 1,5) mit europäischer Kost oder das **Lanta Seahouse**, das frische Meeresfrüchte serviert. Als beliebtes Frühstückslokal hat sich **Otto's** am Ende der Strandpromenade etabliert.

TAUCHEN
Ko Lanta Dive Center
Ein erfahrenes Team führt in der Hochsaison (Nov.–April) das Tauchcenter (PADI und CMAS), auch Nitrox Tauchen.
> mehr S. 13 Punkt **10**
- Saladan
  Tel. 0 7566 8065
  www.kolantadivingcenter.com

KO SAMUI UND KO PHANGAN

KO SAMUI **10** 📖 B9

Die über 60 000 Einwohner der drittgrößten Insel Thailands leben von Fischfang und Kokosnussanbau, vor allem aber vom Fremdenverkehr. Das bergige Eiland, ca. 30 km vom Festland, liegt idyllisch in einer Gruppe von rund 80 meist unbewohnten Inseln. Eine gut ausgebaute Ringstraße führt um ganz Ko Samui, Sammeltaxis verbinden die Strände sowie ein Dutzend kleiner Ortschaften miteinander.

Auf Samui hat man unterhalb der Palmen und stets ein Stück vom Strand entfernt gebaut. Auch die Ringstraße verläuft etwas zurückversetzt hinter den Unterkünften, sodass fast alle Hotels direkten Zugang zum Strand bieten. Samui lohnt das ganze Jahr, von Oktober bis Dezember beschert der Nordostmonsun allerdings gelegentlich starke Regenfälle und heftigen See-gang, die Hochsaison fällt auf Januar, Februar, die zweite Julihälfte und August. Die schönsten Strände liegen an der Ostküste, hier kann die See zwischen Oktober und Januar allerdings gefährlich rau sein.

CHAWENG BEACH N 🔆

Mehrere sanft geschwungene, fast nahtlos ineinander übergehende Buchten mit feinem Sand, glasklarem Wasser und leichtem Gefälle zum Meer liefern auf 6 km ein Panorama vom Feinsten – entsprechend der Besucherstrom. Der Strand ist komplett von Hotels gesäumt. Am Nordende kann man in flachem Wasser schnorcheln.

LAMAI BEACH O

Südlich von Chaweng liegt der etwas kleinere Hat Lamai. Der Sand ist hier nicht ganz so fein und weiß, das Ufer ist stellenweise felsig, aber schön ist der Strand trotzdem. Im Zentrum der Bucht erstreckt sich eine Art Vergnügungsmeile mit etlichen Discos, Lokalen und Bars.

STRÄNDE DER NORDKÜSTE

Fast die gesamte Nordküste Samuis wird von drei schönen Buchten eingenommen. Auf einer Klippe im äußersten Nordosten thront Samuis Wahrzeichen, eine riesige **Buddha-statue.** Der dortige Strand heißt deswegen **Big Buddha Beach** P, ist aber auch als Hat Bangrak bekannt. Nach Westen schließt sich der **Bophut Beach** Q an, Samuis einziger Strand, an dem Touristen und Einheimische nicht strikt ge-trennt sind, allerdings verläuft die Straße hier zwischen Strand und Unterkünften. Noch weiter nach Westen erstreckt sich der steil abfallende **Maenam Beach** R. Alle drei Strände haben gröberen, gelblicheren Sand als die der Ostküste, bieten aber Ruhe.

DAS INSELINNERE

Abseits der Küste können Sie einen Ausflug zum Tempel **Wat Khunaram** S unternehmen, in dem man einen mumifizierten Mönch mit Sonnenbrille auf der Nase in einem Glassarg bestaunen kann. Von hier bieten sich Waldwanderungen an, z. B. zu den **Na-Muang-Wasser-fällen.** Im Januar und Februar führen sie besonders viel Wasser. Vorsicht beim Klettern: Das glitschige Terrain erfordert griffige Schuhe.

INFO

Tourism Authority of Thailand (TAT)
Infos zu Restaurants unter www.samui dinngguide.com
• Nathon | Tel. 0 7742 0504

ANREISE

• **Flugzeug:** Flüge von Bangkok, Pattaya und Phuket. Vom Samui Airport (Tel. 0 7748 4897) Shuttleservice zu den größeren Hotels (ca. 200 Baht).
• **Schiff:** Tagsüber stdl. von Don Sak mit Autofähren Raja (www.rajaferryport. com) nach Ko Samui (1 1/2 Std.) und Ko Phangan (2 1/2 Std.). Katamarane von Lompraya (www.lomprayah.com) fahren von Chumphon über Ko Tao, Ko Phangan nach Ko Samui. Fähren von Seatran Discovery (www.seatrandiscovery.com) verkehren zwischen den Inseln.

HOTELS

Anantara Resort and Spa €€€

Unprätentiöses Wellnessresort an der
Nordküste. Mit lokalen Stoffen geschmackvoll dekorierte Zimmer. Neben erstklassi-
gen Spa-Behandlungen auch Yoga- und
Kochkurse. Zwei Restaurants, Bar, Pool,
großes Wassersportangebot.
• Bophut Beach | Tel. 0 7742 8300
www.samui.anantara.com

Ban Sabai Retreat & Spa €€€

Herrliche Unterkunft mit umfangreichen
Wellnessangebot und Detox-Programm.
• Big Buddha Beach | Tel. 0 7724 5175
www.ban-sabai.com

Napasai €€€

Einsames Resort auf einem Felsvorsprung
am westlichen Ende des Strands. Luxuriöse
Teakhütten mit Privatpools und Bädern mit

TOUR AUF
KO SAMUI

TOUR ⑥

**RUND UM KO
SAMUI > S. 93**

Big Buddha Beach >
Chaweng Beach > Lamai
Beach > Ban Hua
Thanon > Wat Khunaram
> Laem Sor Chedi >
Nathon > Maenam
Beach > Bophut Beach >
Big Buddha Beach

Ⓝ Chaweng Beach
Ⓞ Lamai Beach
Ⓟ Big Buddha Beach
Ⓠ Bophut Beach
Ⓡ Maenam Beach
Ⓢ Wat Khunaram
Ⓣ Hat Rin
Ⓤ Thong Nai Pan
Ⓥ Hat Sadet
Ⓦ Hat Khuat

Blick auf den langen Lamai Beach

riesigen Wannen. Erstklassiges Spa.
Gutes Restaurant mit feiner Thai-Küche.
• Maenam Beach | Tel. 0 7742 9200
  www.napasai.com

The Briza Beach Resort & Spa €€€
Ruhiges Luxusresort mit edlen Strand-
villen, großen Privatpools und Butler-
service. Spa, Pool, Wassersport.
• Chaweng Beach | Tel. 0 7723 1997
  www.thebriza.com

The Library €€€
Resort in minimalistischem Zen-Design mit
luxuriösen, innovativ beleuchteten Suiten
und Studios, ausgestattet mit riesigem
Plasma-TV, DVD-Player und iMac. Bäder mit
Whirlpool. Pool, Restaurant, Bar, Fitness-
raum, Bibliothek.
• Chaweng Beach | Tel. 0 7742 2767-8
  www.thelibrary.co.th

The Saboey €€€
Boutique-Hotel mit marokkanisch-
asiatischem Design. Infinity-Pool mit
Meerblick und Jacuzzi. Zwei romantische
Restaurants.
• Big Buddha Beach | Tel. 0 7743 0450
  www.saboey.com

The Island Resort €€–€€€
Klimatisierte Bungalows in einem Park
mit Kokospalmen. Restaurant abends mit
leckerem Seafood-Barbecue.
• Chaweng Beach | Tel. 0 7723 0751
  www.theislandsamui.com

Eden Bungalows €€
Kleine Oase der Ruhe mit schönen, im thailändischen Stil eingerichteten Bungalows
in einem tropischen Garten.
• Bophut Beach | Tel. 0 7742 7645
  www.edenbungalows.com

Montien House €€
Ruhiges kleines Resort in schöner Gartenanlage. Kleiner Pool und Strandrestaurant.
Preis-Leistungs-Verhältnis gut.
• Chaweng Beach | Tel. 0 7730 0505
  www.montienhouse.com

The Lodge €€
Minihotel am schmalen Strand, alle Zimmer
sind mit viel Liebe eingerichtet, Meerblick.
• Bophut Beach | Tel. 0 7742 5337
  www.lodgesamui.com

RESTAURANTS

Prego €€€
Vorzügliche italienische Küche, auch haus-
gemachte Pasta und Pizza, im minimalistischem Ambiente des Amari Palm Reef
Resort. Große Weinkarte.
• Chaweng Beach | Tel. 0 7730 0317
  www.prego-samui.com

Zazen €€€
Ökologische Fusionsküche in romantischen
Ambiente bei Kerzenlicht mit Meerblick.
• Bophut Beach | Tel. 0 7742 5085
  www.samuizazen.com

Poppies €€–€€€
Internationale und Thai-Küche in einem
tropischen Garten am Strand am südlichen
Ende der Chaweng-Bucht. Samstags tradi-
tionelle Musik- und Tanzvorführungen.
• Chaweng Beach
  Tel. 0 7742 2419
  www.poppiessamui.com

Radiance Restaurant €€
Hochgelobtes Strandrestaurant des The
Spa-Resorts mit feinen vegetarischen und
veganen Gerichten.
• Lamai Beach | Tel. 0 99406 45 03
  www.thesparesorts.com

Sa Bieng Lae Restaurant €
Das kleine Lokal serviert frische Samui-
Spezialitäten, wie köstliche Scampi und
höllisch scharfes Seafood-Curry.
• im Westen | nahe dem Dorf Lipa Noi
  Tel. 0 7723 3082
  www.sabienglae.com

NIGHTLIFE

Im **Reggae Pub**, einer wahren Institution
am Chaweng Beach, versacken die meisten
Nachtschwärmer. Aber auch **Full Circle** und
Green Mango (www.thegreenmangoclub.
com) sind legendär, danach zieht die Menge weiter in die **Bar Solo** (www.barsolo
samui.com). Der **Cha Cha Moon Beach Club**
ist eine der angenehmsten Neuentdeckun-
gen am Strand: leckere Cocktails, chillige
Musik und sehr beliebte Full-Moon-Parties.
Am Lamai Beach sind **Bauhaus, Fusion,
Club Mix** und **SUB** sehr beliebt. In der
Beach Bar **Gecko Village** trifft sich der
halbe Bophut Beach.

SHOPPING

Das größte Angebot haben die Boutiquen
und Antiquitätenläden am Chaweng Beach.
Stöbern Sie im **Samui Handicraft Center**
zwischen Kitsch und Kunst (Inselring-
straße, an der südlichen Kreuzung nach
Chaweng). Schicke Urlaubsmode, freche
Strandkleidung und brasilianische Havaia-
nas (Flip Flops) gibt's bei **Phuket Mermaids**
(www.phuketmermaids.com) und **Chandra**
(www.chandra-exotic.com), alle in der Chaweng Beach Rd.

AKTIVITÄTEN

Planet Scuba
Die beste Tauchschule.
• Gegenüber der Coyote Bar
  Chaweng Beach | Tel 0 7741 3050
  www.planet-scuba.net

Discovery Divers
Ebenfalls ein guter Tauchanbieter.
• Amari Palm Reef | Chaweng Beach
  Tel. 0 7731 0764
  www.discoverydivers.com

Canopy Adventures
Hier kann man sich am Drahtseil durch den Inseldschungel schwingen.

GRATIS: TOLLE AUSSICHT

• Der **Khao Daeng Viewpoint** bietet einen tollen Blick über den Khao Sam Roi Yot National Park. > S. 87
• Zwischen **Kata** und **Chalong** schweift der Blick von der größten Buddhastatue der Welt über die Buchten Phukets. > S. 94
• Berühmt sind die Sonnenuntergänge am **Laem Phromthep**, dem »Kap der Götter« im Süden von Phuket. > S. 96
• Vom Aussichtspunkt hoch über der Ton Sai Bay und Lo Dalam Bay genießt man einen berauschenden Blick über den Isthmus von **Ko Phi Phi Don** mit seinen weißen Strandsicheln. > S. 104
• Der Utthayan Hill auf **Ko Wua Talap** belohnt Wanderer mit einem berauschenden Panorama des Ang Thong Marine National Park. > S. 110
• Chiang Mai aus der Vogelperspektive offeriert der 1600 m hohe Berg **Doi Suthep**. > S. 123
• Vom Aussichtspunkt in **Sob Ruak** liegen Ihnen drei Länder zu Füßen: Thailand, Myanmar und Laos. > S. 129

• Best Beach Bungalow
  Chaweng Beach
  Tel. 0 7730 0340
  www.canopyadventuresthailand.com

AUSFLUG IN DEN ANG THONG MARINE NATIONAL PARK 11 B9

Der Nationalpark umfasst 42 unbewohnte Inseln der Samui-Gruppe, die z. T. dicht beieinanderliegen und sowohl über als auch unter Wasser wunderbare Landschaften, üppige Flora und Fauna bieten. Überwältigend ist der Blick vom Aussichtspunkt auf **Ko Wua Talap**. Traumhaft ist auch die malerische Lagune auf **Ko Mae Ko**.

ANREISE
Ab Ko Samui, Ko Phangan und Ko Tao tgl. organisierte Tagestouren, z. B. per Schnellboot mit **Grand Sea Discovery** (Tel. 0 7742 7001, www.grandseatours.com); per Kajak mehrtägige Touren ab Nathon Pier (Samui) mit **Blue Stars** (Tel. 0 7730 0615, www.bluestars.info).

KO PHANGAN 12 B9

Die Backpacker-Bastion mit dem Hauptort Thong Sala im Südwesten bietet immer noch schöne, ruhige Strände, die allerdings schwer erreichbar sind – ideal für Anspruchslose, die viel Ruhe suchen. Der Hauptstrand **Hat Rin** 1 ist allerdings für seine Full Moon Partys berühmt-berüchtigt.

Es lohnt ein Ausflug quer durch den noch weitgehend intakten Urwald zur Zwillingsbucht **Thong Nai Pan** 1 im Nordosten nebst Abste-

cher zum Strand von **Hat Sadet**
mit Wasserfällen sowie einer Boots-
fahrt von Thong Nai Pan zum fast
unberührten Strand Hat Khuat ⓦ.

ANREISE
• Tgl. **Schiffe** von/nach Ko Samui/Nathon
  (1–2 Std.); **Schnellboote** ab Big Buddha
  Beach/Maenam Beach nach Thong Sala
  (1/2 Std.).

HOTELS
Panviman Resort €€€
Häuschen am Hang oberhalb zweier Buchten, Zimmer in Hotelbau. Mit schöner Pool-
landschaft, Spa, Restaurant.

Ko Tao ist die Taucherinsel par excellence

• Thong Nai Pan Noi Beach
  Tel. 0 7744 5101-9 | www.panviman.com

Divine Comedie €€–€€€
Direkt am Strand gelegenes, schönes Bou-
tiqueresort unter französischer Leitung,
mit geradezu futuristischem Touch. Infinity
Pool, birmanische Küche.
• Ban Tai Beach | Tel. 0 8088 58789
  www.divinecomedyhotel.com

RESTAURANTS
Viele internationale Restaurants, v. a. in
Thong Sala und am Hat Rin Beach.

A's Coffee Shop €–€€
Gutes Thai- und italienisches Essen, dazu
frisch gebrühter Kaffee.
• Thong Sala | Tel. 0 7737 7226

KO TAO ⓭ 📖 B9

Die liebenswerte Felseninsel mit
hübschen kleinen Stränden und le-
bendigem Nightlife an den Haupt-
stränden **Sairee** und **Mae Hat** ist
toll, um Tauchen zu lernen. In man-

chen Dive Resorts bekommt man
sogar nur Zimmer, wenn man
Tauchkurse bucht. An den **Shark
Islands** und den vier von Seeanemo-
nen überzogenen Unterwasserfelsen
Chumphon Pinnacles bietet Ko Tao
eine fantastische Unterwasserwelt.

ANREISE
• Tgl. Boote von **Lompraya High Speed
  Ferries** (www.lomprayah.com) und **Seatran** (www.seatrandiscovery.com) von/
  nach Ko Phangan (1 1/2–2 Std.).

HOTELS
View Point Resort €€€
Exklusive Anlage im balinesischen Stil auf
einem Hügel über dem Meer. Die Besitzerin
kümmert sich um Umweltschutz- und
Sozialprojekte.
• Chalok Ban Kao | Tel. 0 7745 6444
  www.viewpointresortkohtao.com

Ban's Diving Resort €€
Komfortables Resort mit eigenem Hausriff.
• Hat Sairee | Tel. 0 8330 40667
  www.bansdiving.de

CHIANG MAI
UND
DER NORDEN

Viele Teepflückerinnen tragen bei
der Arbeit die traditionelle Tracht
ihres Bergvolk

Golden leuchten die vielfach gestaffelten Tempeldächer in Chiang Mai. Mächtige, elegant und verträumt wirkende Buddhastatuen prägen Sukhothai. Und im Goldenen Dreieck am Mekong schweift der Blick zu den Urwäldern in Laos und Myanmar.

Thailands Norden ist das Shangri-La der Kulturtouristen, Trekkingfans und Rucksackreisenden mit schmalem Budget. Man bekommt hier noch immer erstaunlich viel für wenig Geld. Beliebt ist die Anfahrt im Schlafwagen von Bangkok nach **Chiang Mai,** das Zentrum des Nordens, dessen farbenfroher Nachtmarkt geradezu legendär ist. Aber auch die Dörfer außerhalb der Stadt sind heiße Einkaufstipps für das schöne Kunsthandwerk der Bergvölker. Zwischen Chiang Mai und der südlich gelegenen alten Hauptstadt **Sukhothai** stehen Thailands schönste Tempelanlagen. Westlich von Chiang Mai locken die in den Bergen gelegenen Trekkinghochburgen **Pai** und **Mae Hong Son** mit Ausflügen in die Dörfer der Bergvölker. Viele junge *farangs* (Ausländer) bleiben angesichts der günstigen Übernachtungspreise gleich mehrere Wochen. **Chiang Rai** im Norden ist wiederum das Sprungbrett für einen Besuch des **Goldenen Dreiecks** am Mekong mit seinen Bergwäldern, Mohnfeldern und Ausblicken über die Grenze nach Laos und Myanmar. Rund um die Stadt **Mae Salong** fühlt man sich gar in ein Fleckchen des vorkommunistischen Chinas versetzt, das man so im gesamten Reich der Mitte nicht mehr findet.

TOUREN IN DER REGION

TOUR
7

IM KÜHLEN REICH DER BERGVÖLKER

ROUTE: Chiang Mai › Pai › Mae Hong Son › Mae Sariang › Doi Inthanon National Park › Chiang Mai

KARTE: Seite 114

DAUER UND LÄNGE: 4 Tage, mit Trekkingausflügen 1 Woche, ca. 600 km

PRAKTISCHE HINWEISE:
- Die Strecke können Sie im Mietwagen oder Bus bewältigen.
- Motorradfahrer können in Chiang Mai Maschinen mieten, aber auf der schönen Strecke muss man mit haarsträubenden Überholmanövern einheimischer Fahrer und Zebus auf der Straße rechnen.

TOUR-START:

Auf dieser Tour fahren Sie auf den wohl reizvollsten und kurvenreichsten Strecken Thailands durch von Minoritäten bewohnte wildromantische Berglandschaft. Gut drei Stunden brauchen Sie für die Fahrt auf der Straße 107 von **Chiang Mai 1** › S. 118 nach **Pai 9** › S. 126 (135 km), wobei sich kurz vor Pai ein Abstecher auf der Straße 1098 zu den heißen Quellen von Pong Rong anbietet. Genießen Sie in Pai den Ausblick vom Wat Phra That Mae Yen. Man kann eine Trekkingtour zu den Bergvölkern oder eine Raftingtour auf dem Pai River buchen. Für die Weiterfahrt in die alte Shan-Stadt **Mae Hong Son 8** › S. 125 (158 km) brauchen Sie vier Stunden, mit Abstecher zur Tropfsteinhöhle Tham Lot bei Soppong und zu den Pha Sua Falls einen ganzen Tag. Hinter Soppong begleiten Sie Kalksteinberge, Bambuswald und leider oft der Rauch illegaler Brandrodungen.

Die Weiterfahrt durch die abgelegene Waldlandschaft an der Grenze zu Myanmar bis ins kleine Mae Sariang (170 km) ist am schönsten im Winter, wenn rundum die roten Weihnachtssterne blühen. Nach einer Übernachtung geht es zurück nach Chiang Mai (285 km) – mit einem Abstecher zum Gipfel des **Doi Inthanon 4** › S. 124, über die 48 km lange Serpentinenstraße.

TOUR 8

IM GOLDENEN DREIECK

ROUTE: Chiang Rai › Chiang Saen › Sob Ruak › Mae Sai › Doi Tung › Mae Salong › Thaton › Chiang Rai

KARTE: Seite 114
DAUER: 5 Tage, mit Floßfahrt 1 Woche
PRAKTISCHER HINWEIS:
• Für diese Tour nehmen Sie einen Mietwagen oder Busse, von Thaton zurück nach Chiang Rai alternativ auch ein Boot oder Floß.

Königlicher Garten in Doi Tung

TOUR-START:

Durch Reis- und Gemüsefelder, vorbei an Obstgärten, geht es zunächst auf dem Highway 1 von **Chiang Rai** **10** › S. 127 nach Mae Chan und von dort auf der Straße 1016 nach Chiang Saen › S. 128 am Mekong (ca. 60 km). Hier sind Sie mitten drin im berühmt-berüchtigten **Goldenen Dreieck** **11** › S. 128. Sehen Sie sich die Tempel an und folgen Sie dann auf der Straße 1290 dem Ufer des Mekong in Richtung Norden bis Sob Ruak › S. 129. Von einem Aussichtspunkt können Sie einen Blick über drei Länder werfen: Thailand, Myanmar und Laos. Zwei kleine Ausstellungen zum Opiumanbau erinnern daran, dass es in der Gegend nicht immer so friedlich zuging. Sie werden noch einige blühende Mohnfelder erspähen, doch die Opiumküchen verbergen sich im birmanischen Urwald. Der Handel ist trotz rigider Bekämpfungs-

maßnahmen bis heute nicht völlig verschwunden. Nach **Mae Sai** **12** › S. 129 sind es auf der 1290 noch ca. 30 km. Dort können Sie übernachten und am nächsten Morgen in Myanmars Grenzort Tachilek › S. 129 shoppen gehen, südlich von Mae Sai die Höhle Tham Luang › S. 130 besichtigen und die Aussicht vom »Flaggenberg« Doi Tung **13** › S. 130 genießen. Über den Highway 1 und die durch eine wunderbare Berglandschaft führende Straße 1089 erreichen Sie **Mae Salong** **14** › S. 130. Hier können Sie übernachten. Am 3. Tag können Sie sich von der zauberhaften Morgenstimmung anstecken lassen und auf dem Markt die farbenfroh gekleideten Angehörigen der Bergvölker Lisu, Akha und Lahu kennenlernen. Landschaftlich sehr schön ist die Weiterfahrt auf der Straße 1089. Abends erreichen Sie den Grenzort **Thaton** **15** › S. 131. Wenn Sie mit dem Mietwagen unterwegs sind, fahren Sie am 5. Tag auf der Straße 1089 zurück nach Mae Chan und dann auf dem Highway 1 nach Chiang Rai. Wer diese Tour aber mit dem Bus macht, kann für die Rückfahrt eine spannende Alternative wählen und von Thaton mit dem Boot (Fahrtzeit: 1 Tag) oder sogar mit dem Floß (3 Tage inkl. Camping) auf dem Mae Nam Kok nach Chiang Rai zurückkehren.

TEMPELSTÄDTE NORDTHAILANDS

> **ROUTE:** Sukhothai > Phitsanulok (Wat Phra Si Ratana Mahatat) > Kamphaeng Phet > Si Satchanalai > Lampang Luang > Elephant Conservation Centre > Lamphun > Chiang Mai
>
> **KARTE:** Seite 114
> **DAUER UND LÄNGE:** 4 Tage, ca. 520 km
> **PRAKTISCHE HINWEISE:**
> • Für die Tour empfiehlt sich ein Mietwagen. Wer mit dem Bus unterwegs ist, organisiert Si Satchanalai und Phitsanulok am besten als Ausflug von Sukhothai sowie Lampang Luang und Lamphun als Ausflug von Chiang Mai.

TOUR-START:

Sukhothai **16** > S. 131 ist das beste Standquartier für die ersten beiden Tage. Mit dem Fahrrad können Sie auch weiter außerhalb liegende und seltener besuchte Wats erkunden. Knapp 60 km sind es von Sukhothai auf der Straße 11 in die Provinzstadt **Phitsanulok 19** > S. 135, wo im Wat Phra Si Ratana Mahatat die wohl schönste Statue der Sukhothai-Zeit steht. Fast allein streifen Sie am Nachmittag durch die verfallenen Tempelanlagen von **Kamphaeng Phet 18** > S. 134 (110 km über die Straßen 111 und 115), Am Abend kehren Sie auf der Straße 110 nach Sukhothai zurück (rund 100 km).

Am nächsten Morgen geht es weiter in die romantische Tempelstadt **Si Satchanalai 17** > S. 133 (60 km). Nehmen Sie sich den Rest des Tages Zeit, erkunden Sie die Stätte mit dem Fahrrad, genießen Sie die Abendstimmung und fahren Sie nach einer Übernachtung weiter auf der Straße 110 in Richtung Norden, bis Sie nach 80 km den nach Chiang Mai führenden Highway 11 erreichen. Er bringt Sie in nordwestlicher Richtung in die Stadt Lampang, deren berühmter **Wat Phra That Lampang Luang 6** > S. 125 allerdings weit außerhalb liegt.

Am Nachmittag besuchen Sie auf der Weiterfahrt nach Chiang Mai (106 km), die durch ein reizvolles schluchtartiges Waldgebiet führt, das interessante, ganz auf die Bedürfnisse der grauen Riesen ausgerichtete **Elephant Conservation Centre 7** > S. 125 und danach in **Lamphun 5** > S. 125 den Wat Haripunchai, dessen vergoldeter Chedi in der Abendsonne leuchtet. Am Abend wartet der Nachtmarkt von **Chiang Mai 1** > S. 118.

UNTERWEGS IN NORDTHAILAND

CHIANG MAI 1 📖 B2

In einem weiten, fruchtbaren Tal am Ping-Fluss gelegen, von hohen Bergen umgeben und von geradezu sprichwörtlich freundlichen Menschen bewohnt, schlagen Stadt und Umgebung einheimische und ausländische Touristen in ihren Bann.

1296 von König Mengrai gegründet, entwickelte sich Chiang Mai schnell zum Zentrum des Reiches Lanna (»eine Million Reisfelder«), das sich im 14. Jh. über den gesamten heutigen Norden Thailands sowie über Teile von Myanmar und Laos erstreckte. 1556 fiel die Stadt für über 200 Jahre an die Birmanen. Das historische Reich ging damit unter, der Name Lanna wird jedoch mitunter für die Region verwendet und von den Thais gern mit einer besonders entspannten und naturverbundenen Lebensphilosophie assoziiert, die sie in den Menschen in und um Chiang Mai, der »Rose des Nordens«, verkörpert sehen.

Die quadratische Altstadt mit einer Seitenlänge von knapp 2 km wird von den historischen Wassergräben umfasst; Teile der Befestigungsanlagen sind erhalten oder rekonstruiert. Lauschige Holzvillen verstecken sich in schönen Gärten, alte Tempel in gewundenen Gassen, Restaurants und Souvenirgeschäfte reihen sich aneinander. Chiang Mai zählt interessanterweise zu den wenigen Orten, wo sich Thais und Ausländer Seite an Seite in den gleichen Etablissements amüsieren und auf den gleichen Märkten shoppen.

Ca. 200 Tempel gibt es, und jede Anlage lohnt zumindest einen kurzen Blick hinter die Mauern, gezielt besuchen sollten Sie die folgenden.

WAT CHEDI LUANG

Der Tempel im Westen der Altstadt wird von den 60 m hohen restaurierten Überresten eines Chedi von 1441 überragt, der zu Thailands gewaltigsten Bauwerken zählt. Vier Buddhas blicken in alle Himmelsrichtungen über die Stadt. Bis zu einem Erdbeben im 16. Jh. war Chedi Luang 90 m hoch und mit vergoldeten Kupferplatten bedeckt.

WAT CHIANG MAN

Der Tempel im Nordwesten stammt aus dem Gründungsjahr der Stadt. Zwei winzige, hochverehrte Buddhas stehen hinter dicken Stahlgittern wie in einem Tresor. Der 25 cm hohe Marmorbuddha Sila datiert aus der Frühzeit der buddhistischen Kunst in Indien, der noch kleinere, aus Quarz geschnittene Setangamani soll zu Beginn unserer Zeitrechnung in Lopburi entstanden sein.

WAT PHRA SING

Chiang Mais größter Tempel im Westen der Altstadt ist ein religiöses Zentrum und beherbergt den dritten der legendären Sihing-Buddhas (➤ S. 63, Nationalmuseum in Bangkok) in einem Viharn mit Wandmalereien.

Der massive Wat Chedi Luang im Westen von Chiang Mai

NATIONALMUSEUM

Das nordwestlich der Altstadt gelegene Museum zeigt Exponate zu Geschichte und Kunst, darunter viele Gebrauchsgegenstände der Lanna-Bauern (Mi–So 9–16 Uhr, 2018 wegen Renovierung geschl.).

NACHTMARKT

Die Hauptattraktion zwischen Osttor und Fluss ist eher was zum Gucken. Ein Sammelsurium von Geschäften verkauft alles, was die Region an Kunsthandwerk und Kitsch zu bieten hat. Ein Bummel verschafft Ihnen einen Überblick. Allerdings findet man die besten Läden nicht unbedingt im Night Bazaar Building. Ausnahmen sind u. a. **Lanna Silver** (Nr. 51–52) und **Arnut Asia Treasures** (Nr. 48–49). Auch **Ceramthai** (Nr. 30) ist mit einer kleinen Auswahl vertreten (mehr Shoppingtipps › S. 122).

Das **Galare Food Center** im Nachtmarkt bietet neben preiswertem Essen traditionellen Tanz, Thaiboxen und Travestieshows.

STRASSE DER KUNSTHANDWERKER

Bevor Sie auf dem Nachtmarkt übereilt kaufen: Fahren Sie für mindestens einen halben Tag in Richtung des Dorfes **San Kamphaeng** westlich von Chiang Mai. Entlang der Straße ziehen sich über Kilometer kunsthandwerkliche Betriebe vom Schnitzer über Lack-, Schirm und Fächermaler bis hin zu Seiden und Baumwollwebern.

INFO

Tourism Authority of Thailand (TAT)
Pläne von Stadt und Umgebung, Beratung bei Trekkingtouren.
• Lamphun Rd. | Chiang Mai
  Tel. 0 5324 8604

ANREISE

- **Flugzeug:** Chiang Mai International Airport (Tel. 0 5327 0222, www.airportthai.co.th). Preiswerte Flugverbindungen mit allen größeren Städten des Landes, darunter ein Direktflug nach Phuket (allerdings keiner nach Samui). Das Taxi in die Innenstadt kostet etwa 150 Baht.
- **Bus:** Der Chiang Mai Arcade Bus Terminal (Tel. 0 5324 4664) im Nordosten des Stadtzentrums bedient u. a. die Strecken nach Bangkok (10 Std.), Chiang Rai (4 Std.), Mae Sai (5 Std.), Pai (3 Std.), Mae Hong Son (6 Std.) und Sukhothai (5 Std.), der Chang Phueak Bus Terminal (Tel. 0 5321 1586) etwas nördlich des Chang Phueak Gate die Routen nach Thaton (4 Std.) und Lamphun (1 Std.). Innerhalb der Stadt verkehren Tuk-Tuks und Songthaeos.
- **Zug:** Chiang Mai Railway Station (27 Charoen Muang Rd.). Günstige Verbindung mit Bangkok (Halt in Phitsanulok und Ayutthaya), auch bequeme Schlafwagen.

HOTELS

Four Seasons €€€
Bungalows im klassischen Landesstil schmiegen sich harmonisch in Reisfelder. Die märchenhaft schöne Anlage verfügt über sämtliche Finessen inklusive Spa und riesige Villen, liegt allerdings gut 20 km außerhalb der Stadt (Shuttle-Service).
- Mae Rim-Samoeng Kao Rd.
  Tel. 0 5329 8181
  www.fourseasons.com/de/chiangmai

Rachamankha €€€
Edler China-Thai-Stilmix in der Altstadt mit komfortablen Zimmern, sehr schönem Pool und Spa. Das Restaurant serviert Gerichte der Lanna und birmanische Spezialitäten. Ultraschicke Bar mit leckeren Cocktails.

- 6 Rachamankha 9 | Tel. 0 5390 4111
  www.rachamankha.com

Tamarind Village €€€
Boutique-Hotel mitten in der Altstadt und trotzdem eine Oase der Ruhe, mit traditionell eingerichteten, luxuriösen Zimmern und Spa mit Lanna-Behandlungen. In Ferienzeiten > S. 26 lange im Voraus buchen!
- 50/1 Ratchadamnoen Rd.
  Tel. 0 5341 8896
  www.tamarindvillage.com

Baan Orapin €€
Charmantes Hotel am Ostufer des Ping River. Zimmer und Bungalows sind mit viel Teak im traditionellen Thai-Stil eingerichtet. Romantische Himmelbetten, Terrassen und sogar ein Pool. Erstaunlich preiswert.
- 150 Charoen Rat Rd.
  Mobil-Tel. 0 82391 0405
  www.baanorapin.com

Galare Guest House €€
Schöne Anlage am Fluss. Klimatisierte Zimmer mit eigenem Bad und Balkonblick auf den Garten.
- Charoen Prathet Rd.
  Tel. 0 5382 1011 | www.galare.com

River View Lodge €€
Angenehmes kleines Hotel am Ping River, mit Pool und geschmackvoll eingerichteten Zimmern, alle mit eigenem Bad, einige mit Balkon und Veranda zum Fluss.
- Charoen Prathet Rd. | Tel. 0 5327 1109
  www.riverviewlodgch.com

3 Sis Bed & Breakfast €€
Bestes Bed & Breakfast in Chiang Mai. Der Service ist vorzüglich, die Zimmer mit eigenem Bad sind komfortabel und preiswert. Ein weiteres Plus ist die Lage mitten

in der Altstadt unweit des Wat Chedi Luang. Die »drei Schwestern« servieren zudem leckere Bioküche mit Produkten aus eigenem Anbau. Kostenloser WLAN-Zugang.

• 1 Phra Pokklao Soi 8
  Tel. 0 5327 3243 | www.the3sis.com

Villa Duang Champa €€

Kühles altes Gebäude gleich hinter dem Three Kings' Monument, mit sehr schönen Zimmern.

• 82 Ratchadamnoen Rd. | Tel. 0 5332 7199
  www.villaduangchampa.com

Gap's House €

Traditionelles Thai-Haus in einer Gartenanlage am Thapae Gate, gute Küche, mit eigener Kochschule. Keine Reservierungen!

• 3 Ratchadamnoen Rd. 4
  Tel. 0 5327 8140 | www.gaps-house.com

Julie Guest House €

Sehr preiswertes Guesthouse in der Nähe des Thapae Gate. Bunten Doppelzimmer mit eigenem Bad für 300 Baht. Sehr freundliche Atmosphäre in den Gemein-schaftsräumen mit Hängematten. Schöner, günstiger Massagesalon nebenan. Ausflugsprogramm.

• 7/1 Phra Pokklao Soi 5 | Tel. 0 5327 4355
  www.julieguesthouse.com

RESTAURANTS

The Gallery €€

Edles Ambiente am Ostufer des Ping River in einem der ältesten Holzbauten der Stadt. Serviert wird entschärftes Thai-Essen bei Kerzenlicht und leider recht vielen Mücken.

• Charoen Rat Rd. | Tel. 0 5324 8601
  www.thegallery-restaurant.com

The Riverside €€

Touristenhochburg mit Livemusik und erstklassiger Thai-Küche. Besonders lecker sind Massaman- und Panang-Currys.

• Charoen Rat Rd. | Tel. 0 5324 3239
  www.theriversidechiangmai.com

Aroonrai €

Das nur äußerlich banal wirkende Gartenrestaurant schräg gegenüber dem Thapae Gate setzt seit vielen Jahren Maß-

Auf dem Nachtmarkt gibt's (fast) alles: Massage, Obst, Streetfood …

stäbe für authentische nordthailändische Küche. Zu empfehlen ist das köstliche *khao sai* (Eiernudeln mit Hähnchencurry).

- Kotchasarn Rd. | Tel. 0 5327 6947

Free Bird Cafe €

Vorzügliche Bioküche speisen für einen guten Zweck! Alle Gewinne gehen an das Thai Freedom House, das sich um Bildung und Integration der Bergvölker und der birmanischen Flüchtlinge kümmert. Neben klassischer Thaiküche auch Spezialitäten der Shans und Birmanen.

- 116 Maneenoparat Road
  Tel. 0 81028 5383
  www.thaifreedomhouse.org

NIGHTLIFE

In den Discos Bubbles und Hot Shot des Hotelturms Pornping Tower am Nacht-markt tanzen besonders viele *farangs* mit jungen Einheimischen, die allerdings oft eher merkantil gestimmt sind. Nach Mitter-nacht zieht man weiter in den kleinen lau-ten Disco-Pub **Nice Illusion** am Thapae Gate, in dem sich junge Thais amüsieren. Einheimische Trendsetter und Studenten treffen sich in den Bars, Lounges und auf den zwei Dancefloors des Warm Up Café in der Nimmanhaemin Rd. (Nr. 40).

SHOPPING

Wer durch Thailand reist, sollte seine Ein-kaufstour in Chiang Mai machen. Nirgend-wo ist die Auswahl an schönen Souvenirs größer als hier.

Adun Hill Tribe Store

Handgewebte Kleidung, bestickte Gürtel, Sandalen und Umhängetaschen, gefertigt von Angehörigen der Bergvölker (Zweiter Laden: 172 Thapae Rd.).

- 210/1 Phra Pokklao Rd. | Tel. 0 8943 4141

Baan Celadon

Sehr schöne Seladon-Keramik. > mehr S. 18 Punkt ❹⓿

- 7 Moo 3/Sankamphaeng Rd.
  Tel. 0 5333 8288
  www.baan-celadon.com

Herbs Basics

Seifen, Lotionen, Cremes, Essenzen und Kerzen mit zahllosen feinen Düften, die aus lokalen Pflanzen gewonnen werden. Alles sehr preiswert.

- 344 Thapae Rd.
- Filiale: 174 Phra Pokklao Rd.
  Tel. 0 5323 4585
  www.herbbasicschiangmai.com

HQ Paper Maker

Traumhaft schöne Papierwaren, darunter von Hand gefertigtes und gefärbtes Maul-beerpapier in vielen Farben und Mustern.

- 3/31 Samlan Rd. | Tel. 0 5381 4717
  www.hqpapermaker.com

Kachama

Seidenwebkunst der Hmong in farbenfro-hem Design, darunter einzigartige Wand-behänge. Schals, Kissenbezüge und Tisch-decken sind natürlich erschwinglicher. Im Obergeschoss werden die edlen Stoffe am laufenden Meter verkauft, und man kann sich seinen textilen Traum nach Maß schneidern lassen.

387 Moo 2, Huai Sai Rd. | Tel. 0 5304 4723
www.kachama.net

Premprachas's Collection

Riesige Auswahl an geschmackvoller Kera-mik in faszinierenden Mustern und Farben, auch Anfertigungen nach mitgebrachten Vorlagen.

- 224 Moo 3, Sankampaeng Rd.
  Tel. 0 5333 8540 | www.prempracha.com

Sop Moei Arts

Stoffe und Körbe aus den Dörfern der Pwo Karen in der Provinz Mae Hong Son in Naturfarben und dezenten Mustern. Die seidenen Bettdecken sind ein Traum. Die Erlöse der gemeinnützigen Organisation fließen in dörfliche Entwicklungsprojekte.

• 50/10 Charoen Rat Rd. | Tel. 0 5330 6123
  www.sopmoeiarts.com

Thai Tribal Crafts

Fair-Trade-Laden für Kunsthandwerk der Bergvölker. > mehr S. 18 Punkt ❸❾

• 1208 Bamrungrat Rd.
• Filiale: 25/9 Moon Muang Rd.
  Tel. 0 5324 1043 | www.ttcrafts.co.th

AKTIVITÄTEN

Überall in Chiang Mai werden **Trekking-touren** angeboten. Über einsame, waldige Kuppen in Dörfer der Bergvölker zu wandern zählt zu den schönsten touristischen Aktivitäten in der Region. Tatsächlich unberührte Dörfer gibt es allerdings kaum noch. Sie werden sich damit abfinden müssen, am Ziel auf Fernsehapparate und andere Touristen zu treffen.

Green Trails

Verlässlicher und verantwortungsbewusster Veranstalter für Trekkingausflüge in die Bergregionen und tierfreundliche Begegnungen mit Elefanten.

• 111/70 K-Park Business Mahidol Road
  Tel. 0 5314 1356 | www.green-trails.com

Pooh Eco Trekking

Auf Nachhaltigkeit bedachte, sanfte Trekkingtouren in kleinen Gruppen. Geschlafen wird in Dörfern der Bergvölker bei langjährigen Freunden der zwei sehr kenntnisreichen Führer bzw. in einer Bambushütte am Fluss.

In Boh Sang werden Sonnenschirme aus Maulbeerbaum-Papier gefertigt

• 59 Rajchapakinai Rd.
  Tel. 0 5320 8538 | Mobil 0 8504 14971
  www.pooh-ecotrekking.com

3rd Eye Travel

Ökotrekking, Elefantenritte durch die Wälder, Wildwasserrafting auf dem Mae Tang River und Begegnungen mit verschiedenen Bergvölkern.

• Nong Jom Rd. | Mobil 0 81302 9903

AUSFLÜGE VON CHIANG MAI

DOI SUTHEP ❷ ▮ A2

Der 1600 m hohe Berg, nur 16 km nordwestlich, erlaubt bei fast jedem Wetter einen Blick aus der Vogelperspektive über Chiang Mai. Knapp unter dem Gipfel liegt der **Wat Phra That Doi Suthep,** Nordthailands berühmtester Tempel. Man erzählt, dass ein heiliger weißer Elefant die Stelle ausgesucht habe, an der im 14. Jh. der Tempel gegründet wurde. Die vier Ecken

Gläubige im Wat Phra That Doi Suthep

der Umfassungsmauer werden von filigranen zeremoniellen Schirmen im birmanischen Stil markiert. Die würfelförmigen Sockel zieren goldene Elefanten- und Löwenreliefs. Der goldene Chedi birgt eine Buddhareliquie. › mehr S. 16 Punkt **26**

Wenn Sie der Straße weitere 4 km folgen, erreichen Sie den eher unspektakulären **Phuping-Palast** der königlichen Familie.

Tempel, Palast und ein Hmong-Dorf liegen im rund 260 km² großen **Doi Suthep National Park,** der mit bequemen Wanderwegen im Wald mit artenreicher Vogelwelt lockt – über 300 Arten sind vertreten.

Eine Schotterstraße führt vom Phuping-Palast 3 km weiter in ein Dorf des **Hmong-Volkes,** dessen Bewohner ausschließlich vom Souvenirverkauf leben. Sofern Sie nicht weiter nach Norden fahren oder gar auf Trekkingtour gehen wollen, ist hier die bequemste Möglichkeit zum Besuch eines Bergvolks.

ANREISE

Songthaeos fahren von der Chiang Mai University und dem Chang Phueak Gate bis zum Parkplatz am Fuß des Berges, ab dort **Tramfahrt** (oder 309 Stufen) hinauf zum Tempel.

MAE SA VALLEY 3 A2

Sollte Ihnen der Sinn nach einem touristischen Rundumschlag stehen, buchen Sie eine Tagestour in das weite Tal 15 km nördlich von Chiang Mai. Hier ist, wohlgefällig und sehr kommerziell, alles zu finden, was den Klischees von Nordthailand entspricht: Elefanten, Schlangenshow, Orchideenfarm, Schmetterlingszucht, Bergvolkdörfer, Parks, Wasserfälle, dazu viele Restaurants und Souvenirläden.

DOI INTHANON 4 A2

Deutlich abenteuerlicher und wegen der wunderbar kurvigen Straße vor allem mit dem Motorrad reizvoll ist die Fahrt auf Thailands höchsten Berg, dessen Gipfel in 2595 m Höhe meist in dichten Nebel gehüllt bleibt. Im Visitor Center des Nationalparks erhalten Sie einen Lageplan der Sehenswürdigkeiten, darunter drei Wasserfälle, Dörfer der Hmong und Karen und eine Tropfsteinhöhle. Die immergrüne Gipfelregion ab 1800 m, die eine Militärradarstation krönt, ist mit einer einzigartigen Flora und Fauna besonders attraktiv. Während der Wintermonate verkaufen die Bergvölker köstliche Erdbeeren.

LAMPHUN 5 ▮ B2

Wat Haripunchai, dessen vergoldeter Chedi in der Sonne gleißend funkelt, geht möglicherweise auf das 9. Jh. zurück. Zu bewundern ist auch ein riesiger Bronzegong, den Sie schlagen und sich dabei etwas wünschen dürfen. Der **Wat Cham Thevi** besitzt die beiden einzigen erhaltenen Chedis der gesamten Dvaravati-Epoche aus dem Jahr 1218.

WAT PHRA THAT LAMPANG LUANG 6 ▮ B2

Mit ihrer Spiralform und den prachtvoll glänzenden Goldverzierungen sind die bunten Tempel von **Lampang** ein Paradebeispiel birmanischer Architektur in Thailand. Nordthailands großartigster Wat schlummert im Bezirk Ko Kha vor sich hin und ist mit öffentlichen Transportmitteln kaum zu erreichen (ab Lampang ausgeschildert).

Die altertumsschiefe Anlage ruht wie eine Festung ummauert auf einem Hügel. Einer der Viharn aus dem 15. Jh. zeigt die älteste erhaltene Teakstruktur Thailands. Aus der gleichen Zeit stammen einige der Wandmalereien. Lage wie Gebäude vermitteln eine so schaurig-schöne Stimmung, dass die weite Anreise auch für jene lohnt, die sich sonst nichts aus Tempeln machen. Die Anlage schließt gegen 17 Uhr.

28 km nördlich von Lampang liegt am Highway 11 das **Elephant Conservation Centre** 7 › S. 145.

MAE HONG SON 8 ▮ A2

Die alte Shan-Stadt mit vielen kleinen Teakholzhäusern, dem turbulentem Morgenmarkt (Sihanatbamrung Rd.) und einem fulminanten Schmuggelhandel hat sich ein einzigartiges Bild bewahrt. Auf einem Hügel über dem Tal erhebt sich der **Wat Doi Kong Moo** mit einer hochverehrten Buddhastatue aus weißem Marmor. Im Ort selbst steht der **Wat Chong Kham.** Seine goldverzierten Chedis spiegeln sich in einem mit Wasserlilien bewachsenen See. Beide Tempel weisen mit den pagodenartigen Dächern shanbirmanischen Einfluss auf. › mehr S. 16 Punkt 29

HOTELS

Fern Resort €€–€€€
30 Holzbungalows im Shan-Stil mit geschmackvollen Zimmern und Suiten. Das Bai Fern Restaurant serviert exquisites Essen. Ausflüge zu Bergvolkdörfern.
• Tel. 0 5368 6110 | www.fernresort.info

FARBENFROHE MÄRKTE

- Auf dem **Chatuchak Market,** Bangkoks Megamarkt im Norden der Stadt, können neben Souvenirs auch die neuesten Kollektionen junger einheimischer Designer gekauft werden. > S. 68
- Eine Orgie an Farben und Düften bietet der am Morgen besonders besuchenswerte **Talaad Pak Khlong:** Bangkoks Großmarkt für Blumen, Obst und Gemüse an der Memorial Bridge. > S. 74
- Der **Pahurat-Markt** in der Chinatown von Bangkok ist eine Fundgrube für Stoffe, darunter bunt gefärbte Seiden und fein gewebte Baumwollstoffe. > S. 74
- Der **Schwimmende Markt von Damnoen Saduak** ist ein Mekka für Fotografen, denn er ist geprägt durch das bunte Gewimmel von Booten auf den von Häusern gesäumten Kanälen, mit Sonnenschirmen, knackigfrischem Gemüse und Obst. Beste Zeit ist der frühe Morgen. > S. 75
- Der **Nachtmarkt von Hua Hin** mitten in der Altstadt ist genauso wie der bekannte Nachtmarkt in Chiang Mai eine wahre Augenweide und zudem ein Paradies für diejenigen, die auf Meeresfrüchte und Fisch stehen. > S. 87
- Der **Morgenmarkt von Mae Hong Son** verzaubert Touristen mit seinem altchinesischen Flair – die beste Zeit für einen Marktbesuch ist zwischen 6 und 9 Uhr. > S. 125

Sang Tong Huts €–€€
Atmosphärische und komfortable Unterkunft in rustikalen Bungalows in bewaldeter Umgebung etwas außerhalb, mit Pool.
- Maka Santi Rd. | Tel. 0 5361 1680
  www.sangtonghuts.org

Sarm Mork Guest House €
Freundliches Guesthouse mit drei Bungalows und kleinem Restaurant.
- 16/1 Chamnarn Stit Rd.
  Tel. 0 5361 2122
  www.sarmmorkguesthouse.com

RESTAURANTS

Am **Night Bazaar** gibt es gute Garküchen, hier können Sie auch an einem preiswerten Kantoke-Dinner mit Tanz- und Musikshow der Shan teilnehmen.

NIGHTLIFE

Wenn sich nachts der goldene Chedi im See spiegelt, wird in der **Lakeside Bar** frisch gezapftes Bier zu Countrymusik serviert – höchst vergnüglich.

PAI 9 ⭐9 📖 A1

Der Ort am gleichnamigen Fluss strahlt Entspanntheit aus, doch sorgen inzwischen Partys der jungen Rucksackreisenden für Unruhe und gelegentliche Konflikte mit der lokalen Ordnungsmacht. Pai ist ein idealer Ausgangspunkt für gute Trekkingtouren in die umliegenden Dörfer der Lisu, Lahu und Karen, für die Pai auch der zentrale Marktplatz ist.

Vom **Wat Phra That Mae Yen** südöstlich von Pai bietet sich v. a. bei Sonnenuntergang ein traumhafter Ausblick auf das idyllische Flusstal.

Pai ist der ideale Ort zum Entspannen und für Trekkingtouren in die Umgebung

HOTELS

Baantawan Guest House €€

Charmante ältere Teakbungalows sowie geräumige Zimmer in einem Gästehaus an einem recht ruhigen Abschnitt des Flusses. Erstklassiger Service.
- 117 Wiang Tai Rd. | Tel. 0 5369 8116
  www.baantawanpai.com

Rim Pai Cottage €€

Nette Bungalows in hübscher Gartenanlage am Fluss. Die klimatisierten Zimmer sind im Architekturstil der Lanna Thai gestaltet. Infinity Pool.
- Tel. 0 5369 9133
  www.rimpaicottage.com

AKTIVITÄTEN

Active Thailand

Viel gelobte Kajak- und Schlauchboottouren auf dem Pai.
- Tel. 0 5385 0160
  www.activethailand.com

CHIANG RAI 10 ◫ B1

Thailands nördlichste Provinzhauptstadt eignet sich gut als Basis für Unternehmungen im Goldenen Dreieck. Drei Lanna-Tempel füllen einen Vormittag: Im **Wat Phra Kaeo** soll 1436 ein Blitz den unter einer Gipsschicht verborgenen Smaragdbuddha freigelegt haben. Eine Kopie des heute im Bangkoker Wat Phra Kaeo verehrten Nationalheiligtums › S. 62, aus etwas dunklerer Jade als das Original gefertigt, lässt sich hier aus nächster Nähe betrachten.

Gleich nebenan liegt **Wat Phra Singh** mit gewagten Schnitzereien im Portal des Viharn und auf einem Hügel am Stadtrand der älteste Tempel Chiang Rais aus dem 12. Jh., **Wat Phra That Chomthong.** Von hier hat man einen schönen Ausblick über die Stadt und den Kok-Fluss.

INFO

Tourism Authority of Thailand (TAT)
Für die Provinz Chiang Rai wird in Guesthouses und Hotels die sehr gute **Guide Map of Chiang Rai** angeboten.
• Singhakai Rd. | Tel. 0 5371 7433

ANREISE

Tgl. **Flüge** von/nach Bangkok, der **Bus** von Chiang Mai benötigt 3 Std.

HOTELS

Dusit Island Resort €€€
Das erste Haus am Platze liegt auf einer Insel im Kok-Fluss.
• Kraisorasit Rd. | Tel. 0 5360 7999
www.dusit.com

The Legend €€€
Schönes Boutiquehotel etwas außerhalb des Zentrums. Die sehr reizvollen Villen haben sogar Whirlpools. Spa, zwei Restaurants, Gratis-Shuttle zum Nachtbasar.
• Kohloy Rd. | Tel. 0 5391 0400
www.thelegend-chiangrai.com

Wiang Inn €€
Sehr westliches Hotel mit Pool und Disco mitten in der Stadt.
• 893 Phaholyothin Rd.
Tel. 0 5371 1533 | www.wianginn.com

Ben Guesthouse €–€€
Sehr freundliche saubere Unterkunft mit einer großen Bandbreite an Zimmern, von einfach bis sehr komfortabel. Pool.
• 351/10 Soi 4, Sankhongnoi Rd.
Tel. 0 5371 6775
www.benguesthousechiangrai.com

Mae Hong Son Guesthouse €
Alteingesessener Familienbetrieb in einem traditionellen Holzhaus. Freundlich, billig, aber durchaus spartanisch. Trekkingtouren werden organisiert.
• Singhakai Rd. | Tel. 0 5371 5367

RESTAURANTS

C & C (Cabbages & Condoms) €€
Restaurant und Bergvolk-Museum. Der gebratene Fisch mit grünem Mangosalat ist sehr lecker.
• Thanalai Rd. | Tel. 0 5395 2312
www.pda.or.th/chiangrai

Salungkham €
Tolle Thaiküche, abends auch im Garten.
• 834/3 Phaholyothin Rd.
Tel. 0 5371 7192
www.salungkham.com

NIGHTLIFE

In einer Reihe von Bierbars an der **Trapkaset Plaza** zwischen Wangcome Hotel und Clocktower amüsiert sich ein bunt gemischtes Publikum.

SHOPPING

Nur wenige Stücke aus dem Angebot der **Antiquitätenshops** entlang der Hauptstraße sind echt. Zwischen Phaholyothin Rd. und Busbahnhof liegt ein kleiner **Nachtbasar.**

GOLDENES DREIECK 11 ◗ B1

Chiang Saen ist ein nettes, verschlafenes Nest in Dschungelumgebung am Mekong. Die Ruinen etlicher Tempel künden von einer ruhmreichen Vergangenheit der möglicherweise ältesten Stadt Nordthailands. Gut erhalten sind zwei Anlagen aus dem 14. Jh.: **Wat Phra That Chedi Luang** mit einem ungewöhnlichen

Auf dem Markt von Mae Sai feilschen Thais und Birmanen um die Wette

achteckigen Chedi und **Wat Paa Sak** mit stark birmanischem Einschlag.

In **Sob Ruak**, 10 km weiter nördlich, ziehen der Ruak und der Mekong die Grenzen zwischen Thailand, Myanmar (Birma) und Laos: das Goldene Dreieck gewissermaßen auf den Punkt gebracht. Zur Geschichte des Schlafmohnanbaus und seiner Folgen wetteifern zwei Ausstellungen: die **Hall of Opium** und das **House of Opium.** Da das grandiose Panorama viele Touristen anzieht, gibt's viele Souvenirstände.

HOTEL

Anantara Golden Triangle €€€
Geschmackvolle Nobelbleibe mit tierfreundlichen Elefantenbegegnungen gleich vor der Tür.
• Chiang Saen | Tel. 0 5378 4084
http://goldentriangle.anantara.com

MAE SAI 12 ▮▯ B1

Thailands nördlichste Stadt ist durch eine Brücke über den Ruak mit Myanmars Grenzort **Tachilek** verbunden, der früher wegen seiner Heroinraffinerien berüchtigt war. Tagesbesuche sind ohne große Formalitäten möglich. Die Märkte auf beiden Seiten der Grenze gehören zum Lebendigsten, was Südostasien zu bieten hat. In Tachilek werden hauptsächlich chinesische Konsumgüter und birmanisches Kunstgewerbe verscherbelt. In **Mae Sai**, in den Straßen hinter dem Mae Sai Hotel, blüht der Handel mit ungeschliffenen birmanischen Rubinen. Kaufen sollten hier nur Experten.

Einige Kilometer südlich Richtung Chiang Rai liegt abseits der Straße (ausgeschildert) die von einem Fluss durchzogene, lang gestreckte Höhle **Tham Luang.** Im Juli 2018 konnten Spezialtaucher nach 17 Tagen alle 13 hier eingeschlossenen Mitglieder einer jugendlichen Fußballmannschaft retten, denen Überflutung durch plötzlich einsetzenden Monsunregen die Rückkehr ins Freie verwehrt hatte.

HOTELS
Wang Thong €€€
Betonklotz mit Pool und Blick auf die Grenzbrücke.
• Phaholyothin Rd
  Tel. 0 5373 3388

Mae Sai Guesthouse €
Links von der Brücke am Flussufer mit wunderbarem Grenzblick.
• Tel. 0 5373 2021

DOI TUNG 13 📱 B1

Vom Dorf Huay Krai führt eine gut ausgebaute Straße vorbei an Dörfern der Akha und Lahu auf den 1420 m hohen »Flaggenberg«. Die beiden Chedis des **Wat Phra That Doi Tung** auf der Kuppe, den insbesondere die Shan hoch verehren, wurden 911 errichtet, und angeblich hisste man auf dem Gipfel zur Einweihung riesige Fahnen.

Wenn Sie nicht ängstlich sind und es noch ein Stück weiter zum Gipfel des **Doi Chang Mub** schaffen, werden Sie bei gutem Wetter mit einer fantastischen Aussicht – im Norden bis nach China – belohnt. Oben können Sie auch die Ruhe zwischen den Bäumen des Mae Fah Luang Arboretum genießen.

MAE SALONG 14 📱 B1

Im ehemaligen Hauptquartier der Kuomintang-Soldaten, die sich hier nach ihrer Flucht ansiedelten, leben ihre letzten Vertreter und Nachkommen noch immer: Mae Salong (auf Thailändisch Santikhiri) ist eine faszinierende Insel konservativer chinesischer Kultur mitten in Thailand. Umgeben von Pfirsich- und Litschiplantagen erstreckt sich der kleine Flecken entlang einer Kuppe und bietet eine wunderbare Aussicht auf ein traumverlorenes Hügelmeer.

Mae Salong ist ein viel besuchter Marktplatz der Bergvölker der Umgebung. Scharenweise kommen täglich Lisu, Akha und Lahu, um hier ihre Feldfrüchte anzubieten. Schon wegen der Sonnenauf- und -untergänge sollten Sie hier mindestens eine Nacht verbringen. In einem Mausoleum über dem Ort ruht General Tuan, der die weiten Täler einstmals beherrschte. Alte Kampfgefährten halten die Ehrenwache. In einigen der kleinen Restaurants wird leckere Yunnan-Küche serviert.

HOTEL
Baan Hom Muen Li €€
Ansprechende Unterkunft mit chinesischem Dekor gegenüber dem Café Sweet Maesalong. Von einigen Zimmern schöner Balkonblick auf die Teeplantagen.
• 90 Moo 1 | Tel. 0 5376 5271
  www.baanhommuenlee.com

Maesalong Little Home €–€€
Kleines sauberes Guesthouse, leckere chinesische Küche.
• 31 Moo 1 | Tel. 0 5376 5389

THATON 15 ▪ B1

Der Grenzort wird von einem ko-
lossalen weißen Buddha überragt.
Hier fließt der Kok-Fluss nach
Thailand hinein. Die Aussicht vom
Wat Thaton ist famos.

HOTEL

Maekok River Village Resort €€
Schöne Anlage aus Teakholz am Fluss
Pool, Sauna, Koch- und Massageschule.
Alle Akivitäten der Region im Angebot.
• Tel. 0 5305 3628
  www.maekok-river-village-resort.com

AKTIVITÄTEN

Abenteuerlustige machen eine Boots- oder
Floßfahrt von Thaton nach Chiang Rai. Die
Boote fahren am späten Vormittag und
brauchen rund 5 Std., die Flöße legen am
Morgen ab und brauchen 1–3 Tage. Buchen
kann man in allen Unterkünften von Thaton.

SUKHOTHAI 16 ▪ B3

Seitdem die Stadt (»Morgenröte der
Glückseligkeit«) im 13. Jh. Hauptstadt des ersten großen Thai-Reiches
wurde, war sie Schauplatz mehrerer
Kriege. Außerdem hat der Zahn der
Zeit nachhaltig an den Gemäuern
genagt. 12 km außerhalb der heutigen Stadt sind knapp 100 Ruinen
erhalten, verstreut im **Sukhothai
Historical Park,** die einen guten
Eindruck von der früheren Pracht
der Metropole vermitteln. Tagsüber
pendeln Busse zwischen der Neu-
stadt und dem Parkeingang, wo Sie
Fahrräder mieten können und einen Plan erhalten. Erkunden Sie das
riesige Gelände ein paar Stunden
per Drahtesel (tgl. 6.30–18 Uhr).

Das **Ramkhamhaeng Museum**
am Eingang ist eine gute Einstim-
mung (tgl. 9–16 Uhr). Folgende Bau-

Wat Thaton im gleichnamigen Ort thront auf einem Aussichtshügel

werke sollten Sie danach auf jeden Fall ansteuern: **Wat Mahathat,** der Königstempel, beeindruckt mit seinen mächtigen Säulenreihen, einem Haupt-Chedi im typischen Sukhothai-Stil mit erhaltenem Fries und mehreren Buddhastatuen. **Wat Phra Phai Luang** im Khmer-Stil war möglicherweise das Zentrum einer noch älteren Khmer-Siedlung; einer der ursprünglich drei Prangs steht noch. Die erhaltenen Reliefs zeigen sowohl buddhistische als auch hinduistische Motive. Eine ähnliche Mischung findet sich im kleineren **Wat Sri Sawai,** dessen drei Prangs restauriert wurden. Der eher unbedeutende **Wat Sorasuk** hat ein wieder hergestelltes Elefantenrelief.

Am eindrucksvollsten ist der etwas außerhalb gelegene **Wat Sri Chum** mit dem gewaltigen sitzenden Buddha Phra Atchana, der den fast würfelförmigen Mondop regelrecht zu sprengen scheint. Die Statue wird hoch verehrt, widerstehen Sie daher der Versuchung, für ein Erinnerungsfoto auf den Sockel zu klettern. › mehr S. 16 Punkt **㉕**

ANREISE

- **Flugzeug:** zweimal tgl. mit Bangkok Air von/nach Bangkok.
- **Bus:** Verbindungen alle 1/2 Std. mit Phitsanulok (1 Std). Der Bus nach Bangkok benötigt 7 Std.
- Zwischen New Sukhothai und Old Sukhothai verkehren **Songthaeos.**

HOTELS

Sollten Sie **Loy Krathong** › S. 47 in Sukhothai erleben wollen, müssen Sie die Unterkunft Monate im Voraus reservieren.

Der einstige Königstempel Wat Mahathat in Sukhothai

Tharaburi Resort €€€
Kleines, sehr schickes Verwöhnhotel mit
nur 12 Zimmern. Die Suiten haben sogar
private Pavillons. Pool sowie Restaurant
mit feiner authentischer Thai-Küche.
• 113 Srisomboon Rd
  Tel. 0 5569 7132
  www.tharaburiresort.com

Ananda Museum Gallery Hotel €€−€€€
Besonders luxuriöse Unterkunft mit Kunst-
galerie. Elegante Zimmer im minimalisti-
schen Stil, mit Gartenrestaurant Celadon.
• Mueang Sukhothai District
  Tel. 0 5562 2428
  www.ananda-hotel.com

Ruean Thai Hotel €€
Erlesene, fast tempelartige Thaiarchitektur, komfortable Zimmer (im Obergeschoss
mit goldfarbenem Teakholz möbliert),
schöner Pool und perfekter Service.
• 181/20 Soi Pracha Ruammit
  Tel. 0 5561 2444
  www.rueanthaihotel.com

Sawasdipong Hotel €€
Angenehmes Provinzhotel mit guten
Zimmern in zentraler Lage.
• 56/2-5 Singawat Rd.
  Tel. 0 5561 1567
  www.sawasdipong.com

Banthai Guesthouse €
Nettes preiswertes Guesthouse mit guter
Küche und familiärer Atmosphäre. Die Besitzer organisieren Radtouren und Begegnungen mit den Menschen in den Dörfern
und auf den Reisfeldern.
• 38 Prawet Nakhon Rd.
  Tel. 0 5561 0163
  http://banthaiguesthouse.wix.com/
  banthaiguesthouse

Im Wat Sri Chum

RESTAURANTS
Dream Café €€
Eine perfekte Mischung aus Museum, Knei-
pe und Restaurant. Liebevoll gestaltet, mit
hervorragendem Essen und thailändischen
Kräuterschnäpsen *(lao ya dong)*.
• schräg gegenüber dem Northern
  Palace Hotel | Tel. 0 5561 2081

Mai Krang Krung €−€€
Vorzügliche regionale Spezialitäten,
serviert auf Bananenblättern.
• 139 Charot Withithong Rd.
  Tel. 0 5562 1882

SI SATCHANALAI 17 B3

Zum Weltkulturerbe von Sukhothai
gehören auch die Tempelstädte Si
Satchanalai (60 km nördlich) und
Kamphaeng Phet ▸ S. 134 (etwa
100 km südlich). Beide Stätten sehen weniger Besucher als Sukhothai
und wirken in ihrem leicht überwucherten Zustand um einiges geheimnisvoller.

DIE SCHÖNSTEN TEMPEL

- **Wat Phra Kaeo** in Bangkok: Die farbenfrohen Ramakien-Fresken warten in Thailands berühmtestem Tempel. > S. 62
- **Wat Pho** in Bangkok: Der größte und älteste thailändische Tempel beeindruckt als Gesamtkomplex und in den Details. > S. 64
- **Wat Benchamabophit** in Bangkok: Synthese zwischen östlichem Buddhismus und westlicher Sakralkunst. > S. 65
- **Wat Phra That Lampang Luang** südöstlich von Chiang Mai: In der altersschiefen Tempelfestung mit ihren schönen Wandmalereien und dem ältesten Holzbau Thailands herrscht eine geradezu mystische Stimmung. > S. 125
- **Sukhothai** mit fast 100 Tempelruinen und riesigen Buddhastatuen erinnert an die »Morgenröte der Glückseligkeit« vor 500 Jahren. > S. 131
- **Wat Phra Si Ratana Mahatat** in Phitsanulok: Millionenfach kopiert, auf ewig unerreicht ist der Buddha mit Flammenkranz. > S. 135
- In Ayutthaya kündet der **Wat Phra Si Sanphet** mit seinen drei Chedis von der großen Zeit des Königreichs von Siam. > S. 138
- Das Meisterwerk der Khmer-Baumeister, **Prasat Hin Phimai** nordöstlich von Khorat, wurde noch vor Angkor Wat vollendet. > S. 142

39 Stuckelefanten bewachen als Glückssymbole den **Wat Chang Lom** im Zentrum von Si Satchanalai: ein glockenförmiger Chedi in singhalesischem Stil auf quadratischem Sockel. In einer Nischenreihe rund um die obere Terrasse sitzen Buddhafiguren. Südlich davon liegt der **Wat Chedi Chet Thaeo**, um dessen zentralen lotusförmigen Chedi sich viele kleinere Pagoden in verschiedenen Stilformen gruppieren. In den bröckelnden und zerfallenden Mauern des **Wat Mahatat**, eines Prangs aus dem 15. Jh. mit Stilelementen der Khmer-Architektur, steht ein besonders berühmter schreitender Buddha, während im **Wat Khao Phanom** ein sitzender Buddha, ein Chedi und Säulen eines eingestürzten Viharn erhalten sind. Auch in Si Satchanalai empfiehlt es sich, am Eingang ein Fahrrad zu mieten.

HOTEL

Papong Homestay €
Nette Privatunterkunft bei englischsprachiger Besitzerin.
- Nähe Archäologisches Museum
  Tel. 0 5563 1557

KAMPHAENG PHET 18 ▮ B4

Ganz ähnliche Bilder wie Si Satchanalai vermittelt der **Kamphaeng Phet Historical Park** (tgl. 7–18 Uhr). Der aus Sandstein errichtete, größtenteils zerbröckelte **Wat Phra Kaeo** mit Chedi im singhalesischen Stil bewahrte einst den berühmten Smaragdbuddha, der heute im gleichnamigen Tempel in Bangkok

In der Buddha Image Factory wird letzte Hand an eine Statue gelegt

› S. 62 zu sehen ist. Im benachbarten **Kamphaeng Phet National Museum** werden einige schöne Bronzestatuen hinduistischer Gottheiten gezeigt. Weiter außerhalb liegen die Ruinen von Aranyik. Hier findet man den **Wat Chang Rob,** dessen Sockel Elefantenstatuen aus Laterit umringen, die gleichsam den kaum noch erhaltenen Chedi zu tragen scheinen.

PHITSANULOK 19 📖 C4

Die moderne, zweitgrößte Stadt Nordthailands am Nan River besitzt mit dem **Wat Phra Si Ratana Mahatat** einen der schönsten Tempel des Landes. Er markiert den Übergang vom Sukhothai- zum Ayutthaya-Stil. Im prachtvollen Viharn thront Phra Buddha Chinnarat, die berühmteste Statue der Sukhothai-Zeit: Die vergoldete Bronze mit Flammenkranz ums Haupt in geradezu hypnotischer Schönheit zieht täglich Tausende von Pilgern aus ganz Thailand an, die Räucherstäbchen und Kerzen anzünden. Die Buddha Image Factory von Phitsanulok sorgt unermüdlich für Nachschub an Statuen des Erleuchteten.

HOTELS

Pattara Resort & Spa €€€
Topmoderne Anlage mit nobel eingerichteten Zimmern, Fitnesscenter, Spa. Garten mit Seerosenteichen.
• 349/40 Chaiyanupap Rd.
  Tel. 0 5528 2966
  www.pattararesort.com

Rain Forest Resort €€
Holzbungalows inmitten üppiger Vegetation, mit gutem Restaurant. Arrangiert Rafting und Trekking.
• Mittaphap Rd. | Tel. 0 5529 3085
  www.rainforestthailand.com

ZENTRAL- UND OSTTHAILAND

Der königliche Sommerpalast
Bang Pa In

Im Norden von Bangkok liegt die mächtige Ruinenstadt Ayutthaya. Weiter östlich lockt die Provinz Isaan mit fast tausend Jahre alten Tempelanlagen der Khmer und dem faszinierenden Khao Yai National Park.

Die Ruinenstadt **Ayutthaya** und der Sommerpalast **Bang Pa In** liegen nur einen Tagesausflug von Bangkok entfernt. Am stilvollsten ist die Anreise per Reisbarke auf dem Chao Phraya. Von Ayutthaya erreicht man in wenigen Stunden den Isaan, wie die Thais den Nordosten nennen. Mehr als ein Jahrtausend lang haben sich hier Sprache und Kultur von Thais, Lao und Khmer vermischt. Die zwei Tempelanlagen der Khmer, **Prasat Hin Phimai** und **Prasat Phanom Rung,** lohnen den Besuch, und im **Khao Yai National Park,** durch den Leoparden, Tiger und Elefanten streifen, sind Trekkingfans in ihrem Element.

TOUR IN DER REGION

KÖNIGSPALÄSTE UND KHMER-TEMPEL

ROUTE: Bangkok > Bang Pa In > Ayutthaya > Khorat > Prasat Hin Phimai > Prasat Phanom Rung > Khao Yai National Park

KARTE: Seite 139
DAUER UND LÄNGE: 1 Woche, ca. 800 km
PRAKTISCHE HINWEISE:
• Per Flussfahrt bis Ayutthaya, dann mit Bus, Bahn und Songthaeo.
• Den Transport zu den Khmer-Tempeln und im Nationalpark organisieren Unterkünfte und Reisebüros.

TOUR-START:
Besonders schön sind die Fahrten inklusive Übernachtung von Bangkok nach **Ayutthaya** **1** > S. 138 mit zu Kreuzfahrtschiffen umgebauten, komfortablen Reisbarken > S. 75, wobei Sie auch den königlichen Sommerpalast **Bang Pa In** **2** > S. 140 besuchen. Eilige steigen dagegen schon um 6 Uhr früh in Bangkok in den ersten Zug oder Bus. Im Morgenlicht sind die Ruinen von Ayutthaya nämlich am schönsten. Machen Sie gegebenenfalls am frühen Nachmittag mit dem Songthaeo einen Ausflug nach Bang Pa In, um danach Ayutthaya im milden Abendlicht zu erleben. Nach einer Übernachtung fahren Sie mit dem Zug oder Bus in etwa drei Stunden nach **Khorat** **4** > S. 141 und mit dem Bus gleich weiter nach Phimai (1 Std.). So sehen Sie die

Khmer-Anlage **Prasat Hin Phimai** 5 › S. 142 noch im Abendlicht, übernachten in einem netten Guesthouse und bewundern die Ruinen noch einmal im Morgenlicht. Dann geht es mit dem Bus zurück nach Khorat und weiter in Richtung Surin. Steigen Sie in Nang Rong (ca. 2 Std.) aus und nehmen Sie ein Zimmer im charmanten Honey Inn › S. 143, das sich um den Transport zum **Prasat Phanom Rung** 6

› S. 142 kümmert. Die Reisebüros von Khorat organisieren Ihnen den Besuch beider Tempelanlagen auch an einem Tag. Wieder zurück in Khorat fahren häufig Busse und Züge nach Pak Chong (ca. 2 Std.). Von dort geht es mit öffentlichen Songthaeos in den grandiosen **Khao Yai National Park** 3 › S. 140. Von den Unterkünften hier wird das Entdeckungsprogramm organisiert.

ZENTRAL- UND OSTTHAILAND

AYUTTHAYA 1 ⭐10 📖 C5

Europäische Reiseberichte des späten 17. Jhs. rühmen die 1350 von König Ramathibodi gegründete Hauptstadt des Ayutthaya-Reichs in höchsten Tönen. Unter König Narai, der 1657 den Thron bestieg und beste Beziehungen zum Versailler Hof pflegte, zählte Ayutthaya eine Million Einwohner – mehr als das damalige Paris des Sonnenkönigs. Architektonische Einflüsse aus Europa und China sind nicht zu übersehen. 1767 brannten birmanische Truppen Ayutthaya nieder und Siams Hauptstadt wurde nach Süden ins heutige Bangkok verlegt.

Im **Ayutthaya Historical Study Centre** (tgl. 8.30–16.30 Uhr) ausgestellte Modelle und erhältliche detaillierte Lagepläne geben einen Überblick über die Tempelruinen des von Wasser umschlossenen **Ayutthaya Historical Park** (Weltkulturerbe). Man erkundet das weitläu-

fige schattenlose Areal am besten frühmorgens mit einem Fahrrad (vor Ort zu mieten).

Im einstigen Königspalast steht der 1491 errichtete Haustempel der Könige, der **Wat Phra Si Sanphet,** der mit seinen malerischen drei Chedis zu den Hauptattraktionen von Ayutthaya zählt. Der nördlich davon gelegene **Wat Na Phra Men** ist als eines der wenigen Bauwerke Ayutthayas der Zerstörung entgangen. Sein reich verzierter Bot zeigt mit Säulenvorbauten, Torbogen und Giebeln den typischen Ayutthaya-Stil. Der kleinere Viharn neben dem Bot birgt einen sehr seltenen Buddha aus der Dvaravati-Zeit.

Im unscheinbaren, erst 1951 wieder aufgebauten **Viharn Phra Mongkhon Bophit,** gleich südlich des alten Palasts, thront eine der größten und heiligsten Statuen Thailands: ein vergoldeter Bronzebuddha mit Perlmuttaugen. Er wurde vermutlich im 16. Jh. gegossen und ist so schwer, dass selbst die Birmanen ihn nicht fortschleppen konnten.

In den Ruinen des aus dem 14. Jh. stammenden **Wat Phra Mahatat** weiter östlich entdeckt man einen abgebrochenen Buddhakopf, der vom Wurzelwerk eines Baums umschlossen ist.

Gleich gegenüber liegt der **Wat Ratchaburana,** unter dessen zentralem Prang 1957 ein Schatz aus Gold- und Bronzekunstwerken entdeckt wurde. Diese sind im hiesigen Nationalmuseum ausgestellt (Mi bis So 8.30–16 Uhr). Besonders kostbar ist ein vergoldetes Lackkabinett mit Perlmutteinlagen, das den buddhistischen Kosmos abbildet.

Unter den vielen weiteren Tempeln ist der **Wat Phanan Choeng** aus dem 14. Jh. im Khmer-Stil besonders zu erwähnen. Die vergoldete 20 m hohe Buddhastatue, die zu den größten des Landes gehört, zieht täglich zahllose Pilger an. › mehr S. 16 Punkt **28**

INFO

Die Anlage ist tgl. 7.30–18.30 Uhr geöffnet (Sammelticket kaufen!), ab 19 Uhr ist sie in Flutlicht getaucht.

ANREISE

• Von Bangkok mit **Zug** (Hualamphong Station) oder **Bus** (Skytrain bis Mochit Station) in 1 1/2 Std. bzw. per **Flusskreuzfahrt** (mehr Infos dazu unter www.thairivercruise.com und www.manohracruises.com).

HOTELS

Baan Thai House €€
Schönes Boutique-Resort mit Garten und 12 Bungalows im Thai-Stil.
• Pailing | Tel. 0 3525 9760 www.baanthaihouse.com

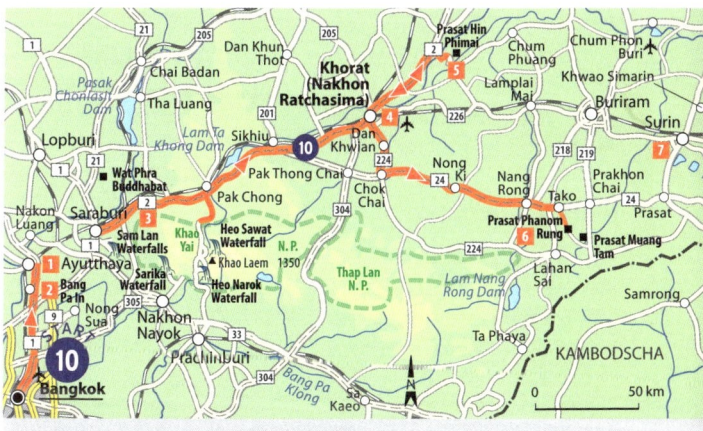

TOUR IN ZENTRAL- UND OSTTHAILAND

TOUR 10   KÖNIGSPALÄSTE UND KHMER-TEMPEL

Bangkok › Bang Pa In › Ayutthaya › Khorat › Prasat Hin Phimai › Prasat Phanom Rung › Khao Yai National Park

Junge Novizen erhalten ihre Schulausbildung im Kloster

Promtong Mansion €€
Ruhiges Guesthouse, freundliche Inhaber.
• 23 Pathon Rd. | Ayutthaya
  Tel. 0 8916 56297 | www.promtong.com

RESTAURANTS

Am besten und preiswertesten isst man
auf dem **Chao-Prom-Markt** und dem **Hua-
Ror-Markt**. €

BANG PA IN 2 C6

Der 20 km südlich von Ayutthaya
am Chao Phraya gelegene zauberhafte **Sommerpalast** – ein beliebter
Halt von Flusskreuzfahrten – wurde
im 17. Jh. errichtet und von König
Rama V. Mitte des 19. Jhs. restauriert. Die Gebäude sind eine Mischung aus traditionellem Thai-Stil,
französischer Neorenaissance, vik-
torianischer Neugotik und chinesischem Pagodenstil. Der Pavillon im

klassischen Rattanakosin-Stil ist ein
bevorzugtes Motiv für Tourismus-
plakate (tgl. 8–16 Uhr).

KHAO YAI NATIONAL
PARK 3 C5

Auf über 2000 km² und in fünf
Vegetationszonen zwischen 60 m
und 1400 m leben zahlreiche Tierarten: Zu den Parkbewohnern zählen rund 200 Elefanten, ungefähr 50
Tiger und Leoparden sowie Gold-
katzen, Nebelparder, Schwarz- und
Malaienbären, diverse Affen- und
Hirscharten, Pythons, Kobras sowie
über 300 Vogelarten, darunter seltene Hornvögel. Das hügelig-bergige
Areal besteht größtenteils aus
undurchdringlichem tropischem
Regenwald, in dem sieben Flüsse
entspringen.

Die farbig und ausreichend markierten Wanderwege verlaufen streckenweise auf Wildwechseln. Seien Sie vorsichtig. Es gibt in Khao Yai unberührte Natur. Man kann am Visitor Center einen Guide engagieren (ca. 1200 Baht pro Tag), der zwar kaum Englisch spricht, aber die Wege auswendig kennt und Tiere wie Gefahren erheblich früher bemerkt. Für Fahrten entlang der Straße (alles andere ist nicht erlaubt) vermietet die Parkleitung Wagen. Dicht an der Straße befindet sich der spektakuläre **Haeo-Narok-Wasserfall.** Der wuchtige Zaun davor musste errichtet werden, weil dort tragischerweise mehrere Elefanten in den Tod stürzten.

Während Tiger und Kobras scheu sind, zeigen sich die gefährlichen Dickhäuter häufig an der Straße. Halten Sie einen Sicherheitsabstand! Begeisterte Parkbesucher berichten von geheimnisvollen Geräuschen am Gipfel nebliger Kuppen, vom schaurig-schönen Dunkel unter dichten Bambusdächern und von turnenden Affenhorden.

INFO

Im **Visitor Center** (tgl. bis 18 Uhr) gibt es eine Skizze der Aussichtsplattformen, Wasserfälle, Wanderwege und Straße durch den Park. Preiswerte Restaurants findet man neben dem Center.

ANREISE

Busse von Bangkok (Mochit 2) alle 30 Min. nach Pak Chong (200 km, 3 Std.), von dort **Pick-ups** (Songthaeos) bis zum Haupteingang des Parks (45 Min.) und weiter zum Visitor Center.

HOTELS

Das Visitor Center vermittelt Holzhütte oder Zelt. Die sanitären Anlagen sind brauchbar, Schlafzeug müssen Sie selber mitbringen (im Winter einen Schlafsack, immer ein Moskitonetz).

Kirimaya Resort €€€

Das luxuriöseste Resort der Region, in wunderschöner Lage. Tolle Dächer, 18-Loch-Golfplatz und Spa. Außerdem werden frühmorgendliche Ballonfahrten organisiert.
• Tel. 0 4442 6000 | www.kirimaya.com

San Khao Yai Guesthouse €

Farbenfrohe einfache, aber saubere Bungalows ganz in der Nähe des Parkeingangs. Arrangiert Touren und verleiht Mopeds.
• Thanarat Rd. | Tel. 0 98210 5098
www.sankhaoyaitour.com

KHORAT (NAKHON RATCHASIMA) 4 ▮ D5

Die Provinzhauptstadt gilt als Tor zum Nordosten. Ein vielverehrtes Denkmal vor dem alten Stadttor erinnert an die Lokalheldin Thao Suranaree, die 1826 gemeinsam mit anderen Frauen einen Überfall laotischer Truppen zurückschlug. Die Stadt, ein gutes Standquartier für Ausflüge zu den Khmer-Tempeln, ist ausgesprochen liebenswert.

INFO

Tourism Authority of Thailand (TAT)
Stadtpläne von Khorat und Material zu den Khmer-Anlagen.
• neben dem Sima Thani Hotel
Tel. 0 4421 3666

ANREISE

- Von Bangkok mit dem **Zug** ab Bahnhof Hua Lamphong oder einem **Bus** ab Northern Terminal (ca. 4 Std.)

HOTEL

Sansabai House €

Verblüffend preiswertes Hotel mit hellen, blitzsauberen Zimmern.

- 335 Suranari Rd. | Tel. 0 4425 5144 www.sansabai-korat.com

RESTAURANTS

Auf dem **Nachtmarkt** vor dem Chomsurang Hotel kann man sich für eine Handvoll Baht den Magen mit nordöstlichen Spezialitäten vollschlagen.

SHOPPING

Das Dorf Dan Kwian stellt seit Jahrhunderten schlichte rostfarbene Keramik her. Dan Khwian liegt 15 km südöstlich von Khorat Richtung Chok Chai, Busse verkehren etwa alle 15 Min.

Pak Thong Chai ist für seine Seide berühmt. Im **Silk & Cultural Center** wird sie verkauft und ihre Herstellung demonstriert. Der Ort liegt 32 km südlich von Khorat, Busse fahren alle 30 Min.
> mehr S. 17 Punkt **37**

PRASAT HIN PHIMAI **5** ⭐**12** 📖 D5

Trotz eindrucksvoller Ornamente und hellen Sandsteins wirkt das Gemäuer nicht verspielt wie thailändische Tempel; es fasziniert durch die düstere Klarheit der Khmer-Kunst.

Die Tempelanlage des 11. Jhs. ist Thailands größter Sandsteinbau,

zählt zu den berühmtesten Werken der Khmer-Baumeister und wurde noch vor dem Weltwunder Angkor Wat vollendet. Ein 28 m hoher, wundervoll verzierter Prang wird von zwei Nebengebäuden flankiert. Rundherum laufen eine Mauer und eine Galerie, in jeder Himmelsrichtung von einem Tor durchbrochen. Die Reliefs lassen vermuten, dass Phimai Buddhisten und Hindus als Heiligtum diente.

ANREISE

- Der Tempel 60 km nördlich von Khorat im Ort Phimai ist per **Bus** ab Baw-Kaw-Saw-Terminal zu erreichen. Letzter Bus zurück um 18 Uhr.

HOTEL

Moon River Resort Phimai €

Einfache freundliche Bungalows in ländlicher Umgebung am Nordufer des Flusses. Zum Eingang der Tempelanlage sind es gut 10 Minuten. Man spricht Deutsch.

- Phimai | Tel. 0 85633 7097 www.moon-river-resort-phimai.com

RESTAURANTS

Besonders gut kocht das kleine Restaurant **Baiteiy** beim Pratoochai-Tor. Noch günstiger ist die leckere, sehr scharfe Isaan-Küche auf dem nahen **Nachtmarkt.** €

PRASAT PHANOM RUNG **6** 📖 E5

Die Restaurierung von Thailands größter Khmer-Tempelanlage, die über eine heute durch den Dschungel führende Straße mit Angkor-Wat verbunden war, wurde von einem spektakulären Kriminalfall begleitet: Der Reliefstein über dem Haupteingang des Zentralgebäudes verschwand in den 1960er-Jahren und tauchte in einem Chicagoer Museum wieder auf. Mit Geldern aus privaten Spenden wurde er 1988 zurückgekauft. Sechs mutmaßlich in den Diebstahl verwickelte Thais starben derweil eines unnatürlichen Todes.

Der Komplex (10.–13. Jh.) aus der Blütezeit der Angkor-Periode ruht majestätisch auf einem 400 m hohen erloschenen Vulkan, von dem man die Ebene von Khorat bis zu den Dongrak-Bergen überblickt. Der Weg zum Zentralbau führt über eine 160 m lange, von Lotospfeilern gesäumte Allee sowie die einzigen in Thailand erhaltenen Naga-Brücken › S. 45. Die Shiva geweihte Anlage ist nach Osten in Richtung Angkor Wat ausgerichtet, sodass alljährlich am 13. April, zum Neujahrsfest, die aufgehende Sonne durch alle 15 Portale fällt. Dann feiern die Einheimischen mit Tanzdramen und einer nächtlichen Show.

ANREISE

• **Bus** von Khorat Richtung Surin, ab Nang Rong (ca. 120 km) per **Motorradtaxi.** Fahrer vor Ort warten lassen.

💬 ELEFANTENTRAINING

Sollte Ihnen der Sinn nach Elefanten außerhalb der Festivalsaison stehen, müssen Sie nach **Ban Ta Klang,** 58 km nördlich von Surin, wo viele der Festivaltiere trainiert werden.

HOTEL

Honey Inn €
Saubere Zimmer bei einer englischsprachigen Lehrerin, die köstlich kocht. Der Transport zum 26 km entfernten Prasat Phanom Rung kann organisiert werden.
• Nang Rong | Tel. 0 4462 2825
  www.honeyinn.com

SURIN 7 📍 E5

Im November steht Surin wegen des **Elefantenfestivals** im Mittelpunkt des öffentlichen thailändischen Interesses. Das Round-up der Dickhäuter ist ein Riesenereignis: Schon am Bahnhof werden Sie von einer lebendigen grauen Mauer empfangen. Informationen beim TAT-Büro unter Tel. 0 4421 3666.

HOTEL

Thong Tarin Hotel € €
Erstes Haus am Platze, das Sie wie alle Unterkünfte vor Ort fürs Elefantenfest rechtzeitig buchen sollten.
• Chitbamrung Rd. | Tel. 0 4451 4281
  www.thongtarinhotel.com

RESTAURANTS

Der **Zentralmarkt** ist 24 Std. geöffnet, abends wird hier heftig gebrutzelt. Wagemutige probieren *Goy Khai Mod Daeng,* einen scharfen Salat mit wirklich leckeren Eiern roter Baumameisen.

SHUPPING

In **Ban Tha Sawang,** 10 km nordwestlich von Surin, und den Nachbardörfern werden Gold- und Silberperlen, aber auch Seidenstoffe hergestellt, die zu den besten des Landes zählen. Busse dorthin fahren in einer Gasse 100 m vor dem Bahnhof ab.

RUND UM DEN SENSIBLEN RÜSSEL

Tierische Meisterwerke pinseln die Elefanten mit ihrem Rüssel

Bedroht ist eine der großartigsten Symbiosen zwischen Mensch und Tier, die wir je erlebt haben: jene zwischen den Thais und ihren Elefanten. Jahrhundertelang bildeten die gewaltigen Dickhäuter einen festen Bestandteil des siamesischen Alltags: Wie Galeeren die Weltmeere durchpflügten sie auf Überlandreisen die Dschungel, wie Panzer entschieden sie Völkerschlachten, wie Planierraupen rodeten sie Land, wie Lkws trugen sie wuchtige Lasten. Sie wurden bedichtet, besungen und gemalt.

GIGANTEN-SCHICKSAL

Doch mit dem Ende der großen Wälder schlug ihnen die Stunde. Schon bald fanden die arbeitslosen Tiere neue Jobs in der Touristenindustrie. Die rissige Haut, der ewig agile Rüssel, so sensibel und doch so unvorstellbar stark, die Lautlosigkeit des Ganges – hautnah erlebt, erweist sich der Elefant selbst für Einheimische immer wieder als Sensation. Doch die Verbindung von Tourist und Dickhäuter funktioniert meist schlecht. Die enorme Kraft und potenzielle Gefährlichkeit der Riesen macht die ständige Aufsicht des schützenden Mahout unabdingbar. Unter solchen Umständen ist es kaum möglich, die Kosten zu erwirtschaften, welche der kolossale Grünzeugbedarf den Haltern verursacht. Und so sparen sie, wo es am leichtesten fällt: bei der Versorgung ihrer Tiere.

DICKHÄUTER FRÖHLICH UND VERSPIELT

Als Zeitungsmeldungen über verwahrloste und misshandelte Tiere die Leser erschütterten und es vermehrt zu tragischen Unfällen kam, suchte die Nation nach besseren Lösungen: Das jährliche Elephant Round-up in Surin › S. 143 vereint im November Hunderte von Tieren für eine Woche zu Spiel und Wettkampf: Fußball, Tauziehen, Staffellauf und ähnliche Dinge, an denen auch Elefanten Spaß haben. Bei dieser Gelegenheit treffen sie außerdem ihre lang vermissten Verwandten wieder – weltweit das größte Spektakel, wenn es um Elefanten geht.

NATIONAL ELEPHANT CONSERVATION CENTRE

Mit dem boomenden Tourismus entstanden landesweit kommerzielle Elefantencamps, die Profit machen wollen, und so kann von einer artgerechten Haltung nur in Ausnahmefällen die Rede sein, auch wenn natürlich überall das Gegenteil suggeriert wird. Tatsächlich hat Thailand es bis heute versäumt, Schutzgesetze zu erlassen, die für Haltung und Behandlung der bedrohten Riesen Mindeststandards fordern.

Das National Elephant Conservation Centre ist hier eine Ausnahme: Unter dem dichten Laubdach eines Waldschutzgebietes – also in ihrem natürlichen Lebensraum – führen Elefanten bei einer täglichen Show ihre vielfältigen Talente vor, von denen es offenbar noch etliche zu entdecken gilt. Unter den grauen Riesen hier gibt es wirkliche Künstler:

Elefanten des Centre haben zwei CDs eingespielt und pinseln mit ihrem Rüssel abstrakte Bilder, die auf Auktionen schon stattliche Erlöse erbracht haben. Auch Abduschen und Baden mit respektvollen Touristen unter dem wachen Auge des Mahout macht den Tieren viel Spaß.

- **Thai Elephant Conservation Centre**
  B2 › S. 125
  km 28 Lampang-Chiangmai Highway (Hwy. 11)
  Tel. 0 5482 9331
  www.thailandelephant.org
  Shows: Mo–Fr 10 und 11, Sa/So und feiertags 13.30 Uhr.

ELEFANTENREITEN?

Die Begegnung mit Elefanten ist ein faszinierendes Erlebnis, das Reiten allerdings aus Tierschutzaspekten höchst bedenklich, schon deshalb, weil die Ausbildung der Tiere mit Schmerzen verbunden ist. Elefanten können zwar sehr schwere Lasten, zum Beispiel Baumstämme, ziehen, aber Hunderte von Kilogramm auf dem Rücken sind für sie eine echte Belastung. Am Strand zu reiten ist absolut tabu, denn die extrem schatten- und wasserbedürftigen Tiere leiden in der Sonne fürchterlich. Wenn ein Tier stehen bleibt, schlägt der Mahout mit einem Pickel auf seinen Kopf. Immer mehr Urlauber verzichten daher auch im kühlen Urwald auf Ausritte und sorgen durch eine allmählich abnehmende Nachfrage dafür, dass zumindest weniger Jungtiere illegal in den Urwäldern gefangen (die Mutter wird dabei oft erschossen) und zu Reittieren abgerichtet werden.

EXTRA-TOUREN

Ein Bummel durch Chinatown

THAILANDS PERLEN IN DREI WOCHEN

ROUTE: Bangkok > Ayutthaya > Phitsanulok > Sukhothai > Si Satchanalai > Lampang > Lamphun > Chiang Mai > Pai > Mae Hong Son > Phuket > Similan Islands > Phang Nga Bay > Krabi > Ko Lanta > Ko Phi Phi > Phuket

KARTE: Klappe hinten
DISTANZEN: Bangkok > Ayutthaya 1 Std. per Bus/Zug; **Ayutthaya > Phitsanulok** 3 1/2 Std. per Bus/Zug; **Phitsanulok > Sukhothai** 1 Std. per Bus; **Sukhothai > Si Satchanalai** 1 Std. per Bus; **Si Satchanalai > Lampang** 3 Std. per Bus; **Lampang > Lamphun** 1 Std. per Bus; **Lamphun > Chiang Mai** 1/2 Std. per Bus/Taxi; **Chiang Mai > Pai** 3 Std. per Bus; **Pai > Mae Hong Son** 4 Std. per Bus; **Mae Hong Son > Phuket** 1/2 Tag Flug; **Phuket > Krabi** 2 Std. per Bus; **Krabi > Phang Nga Bay** 1 Std. per Bus; **Krabi > Ko Lanta** 2 Std. per Boot; **Ko Lanta > Ko Phi Phi** 2 Std. per Boot; **Ko Phi Phi > Phuket** 2 Std. per Boot
VERKEHRSMITTEL: Alle Landstrecken können mit Bussen und Zügen preiswert absolviert werden, Tickets für Fähren und Boote im Süden bekommen Sie auch kurzfristig am Pier. Billigflüge von Chiang Mai nach Phuket können Sie in den Reisebüros buchen.

Nehmen Sie sich drei Tage Zeit für **Bangkok** › S. 62, lernen Sie die berühmte Tempelanlage Wat Phra Kaeo mit dem Königspalast kennen, bewundern Sie die historischen Buddhas im Nationalmuseum, überstehen Sie eine traditionelle Thai-Massage im Wat Pho mit seinem Ruhenden Buddha und genießen Sie den magischen Anblick des Wat Arun bei Sonnenuntergang. Nehmen Sie den abendlichen Trubel von Patpong und auf der Amüsiermeile Sukhumvit mit Humor, bummeln Sie durch Chinatown und die luxuriösen Einkaufstempel rund um den Siam Square. Auch für eine Bootsfahrt durch die Klongs sollten Sie sich ein bisschen Zeit nehmen. Am Nachmittag des 3. Tags können Sie mit der luxuriösen Reisbarke Mekhala auf dem Chao Phraya mit Übernachtung an Bord in die Ruinenstadt **Ayutthaya** › S. 138 weitertuckern, oder Sie fahren am 4. Tag frühmorgens mit dem Bus dorthin. Nach einer Übernachtung geht es am 5. Tag mit dem Zug nach **Phitsanulok** › S. 135, um im **Wat Phra Si Ratana Mahatat** dem vielleicht schönsten Buddha der Sukhothai-Zeit Reverenz zu erweisen. Mit dem Bus kommen Sie rechtzeitig in **Sukhothai** › S. 131 an, um die einst als glückselig gepriesene Ruinenstadt im Abendlicht zu erleben. Nach einer Übernachtung und einer morgendlichen Tour durch Sukhothai mit dem Fahrrad fahren Sie am 6. Tag mittags weiter nach **Si**

Sonnenschein und Badefreuden an der Andamanenküste von Phuket

Satchanalai › S. 133. Die Tempelstadt gehört zum Weltkulturerbe von Sukho-thai, ist aber weniger restauriert und wirkt daher viel geheimnisvoller. Über Uttaradit fahren Sie dann mit dem Bus in die Stadt **Lampang** › S. 125, die Sie am Abend erreichen. Hier besuchen Sie am Morgen des 7. Tags mit dem **Wat Phra That Lampang Luang** einen der faszinierendsten Tempel Thailands. Am Nachmittag fahren Sie weiter mit dem Bus nach Chiang Mai, mit Halt in **Lamphun** › S. 125, um dort den nicht minder schönen **Wat Haripunchai** gol-den glänzen zu sehen. Am Abend stürzen Sie sich in den Nachtmarkt von **Chiang Mai** › S. 118. Genießen Sie am Morgen des 8. Tags die Aussicht von Nordthailands berühmtestem Tempel **Wat Phra That Doi Suthep** › S. 123 und bummeln Sie danach zu weiteren Tempeln in der Stadt. Shoppen können Sie in Chiang Mai bis in die Nacht. Am 9. Tag fahren Sie mit dem Bus auf einer atemberaubenden Bergstrecke nach **Pai** › S. 126. Hier oder im 4 Stunden Bus-fahrt entfernten **Mae Hong Son** › S. 125 können Sie eine Trekkingtour zu den Dörfern der Bergvölker buchen.

Besonders im Winter werden Sie sich nach den frischen Nächten auf eine gute Woche Badeurlaub im Süden Thailands freuen. Von Mae Hong Son fliegen Sie am 12. Tag über Chiang Mai oder Bangkok nach **Phuket** › S. 94. Es folgen neun Tage Badeurlaub an den schönsten Stränden der Andama-nenküste: drei Tage auf Phuket – evtl. mit Tagesausflug ins Taucherparadies **Similan Islands** › S. 101, dann fahren Sie nach einem morgendlichen Boots-ausflug in die **Phang Nga Bay** › S. 102 nach **Krabi** › S. 102, wo Ihnen der **Phra Nang Beach** die Sprache verschlagen wird, und schließlich warten noch einige ruhige Tage an den Stränden von **Ko Lanta** › S. 104 auf Sie. Mit Halt auf **Ko Phi Phi** › S. 104 geht es per Fähre zurück nach Phuket.

KULTUR UND BADEN IN ZWEI WOCHEN

ROUTE: Bangkok > Chiang Mai > Lampang > Sukhothai > Phitsanulok > Ayutthaya >
Bangkok > Ko Samui > Ko Phangan > Ang Thong Marine National Park > Bangkok

KARTE: Klappe hinten
DISTANZEN: Bangkok > **Chiang Mai** 12–14 Std. per Bahn; **Chiang Mai** > **Lampang**
1 Std. per Bus; **Lampang** > **Sukhothai** 4 Std. per Bus; **Sukhothai** > **Ayutthaya** 6 Std.
per Bus/Zug (über Phitsanulok); **Ayutthaya** > **Bangkok** 1 Std. per Bus; **Bangkok** >
Ko Samui 1 Std. Flug
VERKEHRSMITTEL: Busse und Züge. Den Schlafwagen von Bangkok nach Chiang
Mai mindestens 24 Stunden im Voraus buchen (machen auch Reisebüros). Billigflü-
ge Bangkok–Ko Samui und zurück gibt es auch kurzfristig. Noch günstiger ist ein
Flug von Deutschland nach Ko Samui mit Unterbrechung des Hinflugs in Bangkok.

Bei einem Tagesprogramm in **Bangkok** › S. 62 lernen Sie die Prunkbauten
der Altstadt Rattanakosin mit dem Wat Phra Kaeo und Königspalast, Natio-
nalmuseum, Wat Pho und Wat Arun kennen. Abends geht es ins Nachtleben
von Patpong und Sukhumvit Road. Den 2. Tag verbringen Sie mit einem
Bootsausflug auf den Klongs, einem Bummel durch Chinatown und in den
Shoppingtempeln rund um den Siam Square. Um 18 Uhr steigen Sie in den
Nachtzug nach **Chiang Mai** › S. 118. Ein Taxi bringt Sie vom Bahnhof zum
Wat Phra That Doi Suthep › S. 123, wo Sie die Aussicht genießen. Gegen
Mittag des 3. Tags beziehen Sie in Chiang Mai Ihr Hotelzimmer und erkunden
dann die Tempel und Geschäfte der Stadt. Abends geht es auf den Nachtmarkt
und zum Tanzen. Am 4. Tag fahren Sie mit dem Bus – mit Zwischenaufent-
halt in **Lampang** › S. 125 zur Besichtigung des **Wat Phra That Lampang
Luang** – nach **Sukhothai** › S. 131. Hier verbringen Sie den Morgen des 5.
Tags, fahren dann mit dem Bus nach **Phitsanulok** › S. 135, wo Sie einen Blick
auf den berühmten Buddha im **Wat Phra Si Ratana Mahatat** werfen, bevor
Sie um 15 Uhr in den Zug nach **Ayutthaya** › S. 130 steigen (Ankunft ca.
18 Uhr). Hier übernachten Sie, genießen die Ruinenstätte im Morgenlicht
des 6. Tags und fahren am Nachmittag mit dem Bus zurück nach Bangkok.
Am 7. Tag fliegen Sie nach **Ko Samui** › S. 105. Erholen Sie sich am schönen
Chaweng Beach, machen Sie einen Bootsausflug nach **Ko Phangan** › S. 110
und erkunden Sie den **Ang Thong Marine National Park** › S. 110 per Kajak,
bevor es mit dem Flugzeug (über Bangkok) wieder zurück nach Hause geht.

INFOS VON A–Z

ÄRZTLICHE VERSORGUNG

Das Land verfügt über ein dichtes Netz an Krankenhäusern und qualifizierten Ärzten bzw. Zahnärzten in allen Provinzhauptstädten. Die Behandlungskosten sind, von den wenigen Nobelinstituten abgesehen, niedrig. Die Ärzte sprechen Englisch. Medikamente sind in den Apotheken frei verkäuflich, darunter auch die gängigen Produkte internationaler Markenfirmen.

Höchst empfehlenswert ist eine Auslandsreisekrankenversicherung (die gesetzliche Krankenversicherung zahlt für Thailand nicht), die unbedingt den medizinisch notwendigen (noch besser: den medizinisch sinnvollen) Rücktransport im Notfall mit einschließen sollte.

Bangkok International Hospital
- 2 Soi Soonvijai 7, New Petchburi Rd., Bangkok | Tel. 0 2310 3000, www.bangkokhospital.com

AUSRÜSTUNG UND GEPÄCK

Packen Sie leichte Sachen ein, auch längere Röcke, Hosen sowie T-Shirts mit kurzen Ärmeln, außerdem Mückenschutzmittel, Sonnencreme mit hohem Schutzfaktor sowie Sonnenhut und -brille. Eine leichte Strickjacke für klimatisierte Räume wie Restaurants gehört ins Gepäck. Für Trekking in der Regenzeit Regenjacke sowie rutschfeste Schuhe nicht vergessen. Für längere Wanderungen oder Waldbesuche kann man Moskitonetz *(mung)*, Hängematte *(bae yuan)* und eine regensichere Plane *(pha kan fon)* auf jedem Provinzmarkt günstig kaufen.

DIPLOMATISCHE VERTRETUNGEN

Thailändische Botschaften und Konsulate in Europa:
- Lepsiusstr. 64–66 | 12163 Berlin Tel. 0 30/79 48 10 www.thaiembassy.de
- Cottagegasse 48 | 1180 Wien Tel. 01/4 78 33 35 www.thaiembassy.at/en
- Kirchstrasse 56 3097 Liebefeld bei Bern Tel. 031/970 3030-34 www.thaiembassy.ch

In Bangkok:
- **Deutsche Botschaft** 9 South Sathorn Tai Rd. Tel. 0 2287 9000 www.bangkok.diplo.de
- **Österreichische Botschaft** Q. House Lumpini Building, Unit 1801 | 18th Floor 1 South Sathorn Rd. Tel. 0 2105 6710 www.aussenministerium.at/bangkok
- **Schweizerische Botschaft** 35 North Wireless Rd. Tel. 0 2674 6900 www.eda.admin.ch/bangkok

EINREISE

Touristen aus Deutschland, Österreich und der Schweiz können ohne Visum mit einem sechs Monate gültigen Reisepass einreisen, wenn sie nicht länger als 30 Tage im Land bleiben wollen. Für längere Aufenthalte muss ein Visum beantragt werden. Kinder benötigen einen eigenen Reisepass. Durch eine kurze Ausreise auf dem Landweg nach Kambodscha oder Myanmar (der sogenannte »Visa Run«, hierbei benötigt man kein Visum für die Nachbarländer) und die erneute Einreise können Sie Ihre Aufenthaltsgenehmigung maximal zweimal um zwei Wochen verlängern.

ELEKTRIZITÄT

220 Volt/50 Hz, manchmal ist ein Adapter für Flachstecker notwendig. Die meisten Anlagen haben kompatible Stecksysteme.

FLUGHAFENGEBÜHREN

Die Gebühren für die Flughäfen Bangkok und Phuket betragen international 700 Baht (meist im Ticketpreis enthalten), national 100 Baht, Ko Samui 400 Baht.

FLUGRÜCKBESTÄTIGUNG

Einige Fluggesellschaften verlangen noch eine telefonische Bestätigung des Rückflugs spätestens zwei bis drei Tage vor Abflug (lassen Sie sich unbedingt den »reconfirmation code« geben).

FOTOGRAFIEREN

Thais lassen sich meist gern fotografieren, bitten Sie aber vorher um Erlaubnis. In Gebieten mit muslimischer Bevölkerung sollte man sich zurückhalten. Vereinzelte Fotoverbote in königlichen Räumen, Tempeln, Museen u. ä. werden durch aufgestellte Schilder deutlich angezeigt. Speicherchips für Digitalkameras bekommen Sie in allen Touristenzentren.

GELD, WÄHRUNG UND UMTAUSCH

Die Landeswährung ist der **Baht.** Banken, größere Hotels und Wechselstuben tauschen im ganzen Land. Für den Tausch von Bargeld empfiehlt sich die Mitnahme von Euro oder Sfr. Überall im Land gibt es Geldautomaten (ATM). In allen Banken kann man mit Visa- und Mastercard Geld abheben, an vielen auch mit Cirrus- und Maestro-Karten (mit PIN wie in Deutschland), Gebühren: mind. 4,50 €. Einige Visakartenanbieter nehmen keine Gebühren. An Automaten kann man in der Regel 10 000 Baht, bei manchen Banken maximal 20 000 Baht abheben. In großen Hotels werden die gängigen Kreditkarten akzeptiert. Zur Sicherheit kann man auch Reiseschecks in Euro mitnehmen, pro Scheck ist eine Gebühr von 25 Baht zu entrichten.

Devisen dürfen ohne Einschränkung ein- und ausgeführt werden, sind aber bei einem Gesamtwert von mehr als

Die Landeswährung Baht trägt das Konterfei des Königs

20 000 US-$ zu deklarieren. Landeswährung kann bis 50 000 Baht ausgeführt werden, höhere Beträge nur mit Deklaration.

GESUNDHEITSVORSORGE

Impfungen sind nicht zwingend vorgeschrieben. Überprüfen Sie aber Ihren Impfschutz gegen Tetanus, Polio und Diphtherie. Impfungen gegen Typhus und Hepatitis A/B sind überlegenswert, wenn man sich länger in ländlichen Regionen Asiens aufhält.

Viele berüchtigte Tropenkrankheiten treten in Thailand gar nicht oder nur sehr selten auf, sodass Sie sich grundsätzlich keine Sorgen machen müssen. Nicht zu unterschätzen ist allerdings die Sonneneinstrahlung, weshalb Sonnenhut und -schutzmittel (ab Schutzfaktor 20) auch benutzt werden sollten. Umgekehrt ist es dem Körper in klimatisierten Räumen schnell zu kalt, und er reagiert mit starken Erkältungen.

Trinken Sie kein Leitungswasser (Vorsicht bei zerstoßenem Eis, die zylinderförmigen Eiswürfel sind dagegen einwandfrei), und meiden Sie alles Rohe bzw. Ungeschälte.

Die Malaria ist in manchen Gegenden Thailands noch verbreitet. Mit Beginn der Dämmerung sollten Sie daher lange Hosen, langärmelige Hemden, Schuhe und Strümpfe tragen sowie Hände und Nacken mit einem Mückenschutzmittel einreiben und evtl. unter einem Moskitonetz schlafen. Welche Malariaprophylaxe ggfs. sinnvoll ist, hängt wegen Resistenzen sehr von Ihrer Reiseroute ab. Lassen Sie sich von einem Tropenmediziner beraten. Neben Krankenhäusern gibt es im ganzen Land Malariazentren, wo die Krankheit sicher diagnostiziert und professionell behandelt wird. Wichtig: Die gefährlichste Form der Malaria kommt oft im Gewand einer schweren Erkältung daher. Bei grippeartigen Symptomen sollten Sie unverzüglich den Arzt aufsuchen – auch Monate nach Ihrer Rückkehr. In Südthailand besteht nur ein geringes Malariarisiko, Phuket und Ko Samui sind malariafrei.

In die Reiseapotheke gehören Medikamente gegen Erkältungskrankheiten, Sonnenbrand, Pilzinfektionen, Durchfall, Magenverstimmung sowie Pflaster, Verbandszeug, Mückenschutz- und Desinfektionsmittel.

INFORMATIONEN

Thailändisches Fremdenverkehrsamt (TAT)

TAT hat in allen wichtigen Fremdenverkehrsgebieten Büros, die englischsprachiges Infomaterial haben, auch das Personal spricht meist Englisch.

- Bethmannstr. 58
  60311 Frankfurt/M.
  Tel. 0 69/1 38 13 90
  www.thailandtourismus.de

KRIMINALITÄT UND SICHERHEIT

Auch wenn in den letzten Jahren Gewalttaten an Touristen zugenommen haben, ist die Zahl derartiger Vorkommnisse nach wie vor verhältnismäßig gering. Bei Eigentumsdelikten liegen die Dinge ein wenig anders. So sollten Gepäckstücke nicht unbeaufsichtigt am Busbahnhof herumstehen und Wertsachen nicht im Hotelzimmer liegen gelassen werden. Tragen Sie auch keine größeren Geldsummen bei sich. Gehobene Hotels verfügen über Zimmertresore, einfachere über Safety Boxes an der Rezeption.

Trickbetrug: Häufiger als Raub und Diebstahl sind Betrügereien und Übervorteilungen, an deren Anfang oft verlockende Einladungen oder Versprechungen stehen. Ein netter, Englisch sprechender Thai trifft Sie in der Nähe der Bootsanlegestelle und beschließt spontan, Sie zu einer Bootstour durch Bangkok einzuladen. Doch mitten auf dem breiten Chao-Phraya-Fluss fällt dem Unglücklichen auf, dass er seine Brieftasche verloren hat. Der Steuermann stellt den Motor ab, das Boot schaukelt bedenklich auf den Wellen. Natürlich zücken Sie die Börse, um ein Mehrfaches der üblichen Bootsmiete zu zahlen, womit das Paar ein Bombengeschäft gemacht hat. Tuk-Tuk-Fahrer möchten Sie gern in ein bestimmtes Geschäft mit »Spottpreisen« bringen. Oft sind Schmuckgeschäfte oder Restaurants das Ziel – v. a. Fischlokale, wo die Tierchen nach Gewicht bezahlt werden. Die Provision lockt, und Sie sollten gar nicht erst darauf reinfallen.

Kreditkartenmissbrauch erfolgt häufig, wenn die Karten in zweifelhaften Safes an der Rezeption verwahrt oder für Bagatellgeschäfte aus der Hand gegeben werden.

Im tiefen Süden kommt es immer wieder zu blutigen Auseinandersetzungen zwischen Muslimen und staatlichen Sicherheitskräften. Für die südlichsten drei Provinzen (außerhalb des im Reiseführer beschriebenen Gebiets) gibt es sogar Reisewarnungen des deutschen Auswärtigen Amtes (www.auswaertiges-amt.de). Auch werden in letzter Zeit auf langen Busfahrten in den Süden häufig Diebstähle gemeldet.

Notruf: Polizei 191 und 123, Touristenpolizei 1155 (Servicenummer), 1699, Feuerwehr 199.

ÖFFNUNGSZEITEN

Geschäfte haben ca. 7–20, Kaufhäuser tgl. 10–21 Uhr geöffnet, manche Supermärkte rund um die Uhr. Ämter und Behörden arbeiten meist Mo–Fr 8.30–16.30, Banken Mo–Fr 9.30–15.30 Uhr (Wechselstuben haben oft tgl. bis ca. 21 Uhr geöffnet). Museen sind meist montags, dienstags und an buddhistischen Feiertagen geschlossen und haben Mi–So 9–16 Uhr geöffnet.

TELEFON

Internationale Gespräche sind von Hotels und vielen Overseas Telephone Services möglich. Günstiger ist das Fernamt (Gesprächsdauer mind. 3 Min.).

Wer sein eigenes Handy mit in den Urlaub nimmt, kann vor Ort ab 50 Baht eine Prepaidkarte kaufen (inkl. Guthaben; Karte z. B. in den 24 Std. geöffneten Supermärkten wieder aufladbar). Zu empfehlen sind die 1-2-Call-Karte von AiS und die Happy-Card von DTAC. Mit der Vorwahl 00500-49 (1-2 Call) bzw. 007-49, 008-49 oder 009-49 (Happy Call) telefoniert man besonders günstig nach Deutschland. Die beste (aber auch teuerste) Verbindung garantiert die Nummer 001. Datenpakete sind für wenig Geld telefonisch (auf Englisch) zubuchbar. Von Deutschland aus sind Thailandnummern dank Billigvorwahlen günstig zu erreichen.

Internationale Vorwahlen:
• Deutschland 00149
• Österreich 00143
• Schweiz 00141
• Thailand 0066

TRINKGELD UND STEUERN

Trinkgelder sind in Thailand nicht unbedingt üblich, werden aber von Reiseführern, Zimmermädchen und Bedienungspersonal gern angenommen. Auf die

Hotel- und Restaurantpreise können bis zu 17 % Steuern und Servicezuschlag erhoben werden.

ZOLL

Zollfrei eingeführt werden dürfen alle Gegenstände des persönlichen Gebrauchs. Verboten ist die Einfuhr von Drogen, Pornografie und Waffen. Die Ausfuhr von Antiquitäten und Buddhastatuen ist verboten; Ausnahmegenehmigungen erteilt das Fine Arts Department im Bangkoker Nationalmuseum (Tel. 0 2281 6766). Dem Artenschutz zuliebe sollten Sie auf Souvenirs aus Elfenbein, Schildpatt, Schlangenleder, Muscheln usw. verzichten.

Außerdem sind die Kontrollen bei der Einreise ins Heimatland sehr scharf: Gemäß Washingtoner Artenschutzabkommen ist die Einfuhr geschützter Tiere und Pflanzen sowie aller daraus gefertigten Produkte strengstens verboten. Derlei Gegenstände werden rigoros beschlagnahmt. Für Vergehen drohen drastische Strafen. ‣ mehr S. 17 Punkt **45**

Die wichtigsten Zollfreigrenzen bei der Wiedereinreise nach Deutschland, Österreich und in die Schweiz: 200 Zigaretten, 1 l hochprozentiger Alkohol oder 2 l Wein; Geschenke im Gesamtwert von 430 € bzw. 300 CHF.

💬 **URLAUBSKASSE**

• Tasse Kaffee:	0,80 €
• Softdrink:	0,80 €
• Glas Bier:	1,50 €
• *Pat Thai* (gebratene Nudeln)	1,50 €
• Fleischgericht	3 €
• Fischgericht	3 €
• Taxifahrt (Kurzstrecke 5 km):	ca. 1,80 €
• Mietwagen/Tag:	ab 30 €
• 1 l Superbenzin:	0,96 €

REGISTER

BILDNACHWEIS

Coverfoto Buddhistischer Mönch, Thailand © plainpicture/Till Melchior
Fotos Umschlagrückseite links: Shutterstock/Colac Sorin; Mitte: Jahreszeitenverlag/Koschel Philip; rechts: Shutterstock/poylock19

Alamy/Horree Peter: 123; Alamy/robertharding: 121; Alamy/Williamson Mark: 13; Bolch Oliver: 40; Chiva-Som Resort/Hua Hin: 32; Fotolia/Fotogarten: 132; Fotolia/siamphoto: 16; Getty Images/NurPhoto/Laowilas Anusak: 24; Getty Images/Sylvian Sonnet: 146; Glow Images/imageBROKER/Langley Jason: 20/21; Glow Images/Ogle Steve: 6/7; imago/ZUMA Press: 14; Jahreszeitenverlag/Jung Roland E.: 43, 148; Jahreszeitenverlag/Koschel Philip: 48; laif/Gumm Monica: 12; laif/Heeb Christian: 52; laif/Hellier Gavin/robertharding: 34/35; laif/Heuer Frank: 84; laif/Modrow: 135; laif/Sasse: 111; Lookphotos/age fotostock: 29, 80; mauritius images/imageBROKER/pixal: 17; Peter Kurt: 65; Plainpicture/Melchior Till: 1; Rössig Wolfgang: 8-1, 9, 10; seasons.agency/Koschel Philip: 124; Shutterstock/anan: 112; Shutterstock/armmphoto: 31; Shutterstock/Ayakovlev: 88; Shutterstock/Caminoel: 127; Shutterstock/Colac Sorin: 102; Shutterstock/Daimond Shutter: 56; Shutterstock/Deer worawut: 136; Shutterstock/Dimos: 83; Shutterstock/flydragon: 73; Shutterstock/gopause: 108; Shutterstock/Jadlit Sittirak: 27, Shutterstock/kajornyot wildlife photography: 23; Shutterstock/Kiatlatchanon Decha: 39; Shutterstock/Kosmider Patryk: 91; Shutterstock/Kumar Sanchal. 70, Shutterstock/martinho Smart: 101; Shutterstock/Mathpikhai Wassana: 87; Shutterstock/McAulay Antony: 18; Shutterstock/MJ Protoype: 47; Shutterstock/Nopat: 151; Shutterstock/Photogrape: 15; Shutterstock/poylock19: 131; Shutterstock/SantiPhotoSS: 140; Shutterstock/Shirai Mikito: 19; Shutterstock/SIHASAKPRACHUM: 8-2; Shutterstock/Take Photo: 119; Shutterstock/Taranik Yury: 63; Shutterstock/think4photop: 98; Shutterstock/Thongumpai Vinai: 116; Shutterstock/TWStock: 56; Shutterstock/Valoga: 129; Shutterstock/worradirek: 77; Thai Elephant Conservation Centre/Wilawan In-ta wong: 144; Unsplash/Thomas Aaron: 54/55; Weigt Mario: 67, 133.

Liebe Leserin, lieber Leser,
wir freuen uns, dass Sie sich für diesen POLYGLOTT on tour entschieden haben.
Unsere Autorinnen und Autoren sind für Sie unterwegs und recherchieren sehr gründlich, damit Sie mit aktuellen und zuverlässigen Informationen auf Reisen gehen können. Dennoch lassen sich Fehler nie ganz ausschließen. Wir bitten Sie um Verständnis, dass der Verlag dafür keine Haftung übernehmen kann.

Ihre Meinung ist uns wichtig. Bitte schreiben Sie uns:
GRÄFE UND UNZER VERLAG
Postfach 86 03 66, 81630 München, Tel. 0 89 / 419 819 41
www.polyglott.de

LESERSERVICE
polyglott@graefe-und-unzer.de
Tel. 0 800 / 72 37 33 33 (gebührenfrei in D, A, CH), Mo–Do 9–17 Uhr, Fr 9–16 Uhr

1. Auflage 2019

Bei Interesse an maßgeschneiderten B2B-Editionen:
gabriella.hoffmann@graefe-und-unzer.de

Bei Interesse an Anzeigen:
KV Kommunalverlag GmbH & Co KG
Tel. 089/928 09 60
info@kommunal-verlag.de

Verlagsredaktion: Anne-Katrin Scheiter
Autor: Wolfgang Rössig
Redaktion: Elke Sagenschneider Texte und Projekte, München
Bildredaktion: Dr. Nafsika Mylona
Mini-Dolmetscher: Langenscheidt
Umschlaggestaltung & Layout:
Independent Medien Design, München
Horst Moser (Artdirection), Lucie Heselich
Karten und Pläne: Theiss Heidoph und Kunth Verlag GmbH & Co. KG
Satz: uteweber-grafikdesign
Herstellung: Anna Bäumner
Druck und Bindung:
Printer Trento, Italien

PEFC/18-31-506

GRÄFE
UND
UNZER

Ein Unternehmen der
GANSKE VERLAGSGRUPPE

MINI-DOLMETSCHER

Da Thai in verschiedenen Tonhöhen gesprochen wird, kann ein und dasselbe Wort verschiedene Bedeutungen haben. Das macht Thai für Ausländer schwierig. Dennoch: Versuchen Sie sich zumindest an den wichtigsten Begriffen. Im allgemeinen werden Sie aber mit Englisch gut zurechtkommen.

zwanzig	je sip (oder: jip)
einundzwanzig	je sip et (oder: jip et)
dreißig	sahm sip
vierzig	sie sip
hundert	nüng roy
zweihundert	sohng roy
eintausen	nüng pan

DIE WICHTIGSTEN BEGRIFFE IN THAI

Guten Tag, Auf Wiedersehen	Sawa**dih** kah (sagen Frauen), sawa**dih** kap (sagen Männer)
Entschuldigung	kor **tod**
Das macht nichts	**mai** pen rai
Viel Glück!	tschok **dih!**
Spaß haben	san**uk**
Kein Problem	mai pen rai
danke	kop kuhn **kah** (sagen Frauen), kop kuhn **kap** (sagen Männer)
ja	**kah** (sagen Frauen), **kap** (sagen Männer)
nein	mai tschai
wann	müarai
wo	tienai
Tempel	wat
Museum	pipitahpan
Strand	**tschai** haht
Polizei	tam**ruat**
Krankenhaus	rong pah jah **bahn**
Arzt	mor
Unfall	ubatie**het**
Diebstahl	**kamoi**
Hilfe	**tschuai duai**
Restaurant	lahn a**hahn**
(nicht) scharf	(mai) pet
Bus(bahnhof)	(sata**nih**) rot meh
Bahn(hof)	(sata**nih**) rot **fai**
Taxi	**teksi**
Ausländer	**farang**
Toilette	hong **nahm**
wie viel (kostet es)?	tau **rai?**
(zu) teuer	**päng** bai
eins	nüng
zwei	sohng
drei	sahm
vier	sih
fünf	hah
sechs	hog
sieben	dschet
acht	pät
neun	gao
zehn	sip
elf	sip et
zwölf	sip sohng

DAS WICHTIGSTE IN ENGLISCH

ALLGEMEINES

Ich heiße ...	My name is ... [mai **nehm**_is]
Morgen	morning [**mohn**ing]
Nachmittag	afternoon [after**nuhn**]
Abend	evening [**ihw**ning]
Nacht	night [nait]
Wie bitte?	Pardon? [**pahd**n]
Ich verstehe nicht.	I don't understand. [ai **dohnt** ander**ständ**]
Wie heißt das?	What is this called? [**wott**_is ðiß **kohld**]
Wo ist ...?	Where is ...? [**wäar**_is ...]
Können Sie mir helfen?	Can you help me? [kän_ju **hälp**_mi]

SHOPPING

Wo gibt es ...?	Where can I find ...? [**wäa** kən_ai **faind** ...]
Wie viel kostet das?	How much is this? [hau_matsch is_ðiß]
Geben Sie mir 1 kg Bananen	Could I have a kilogram of bananas. [kud_ai häw_ə **kill**əgrämm_əw bənanas]

ESSEN UND TRINKEN

Die Speisekarte, bitte.	The menu please. [ðə **män**nju plihs]
Brot	bread [bräd]
Kaffee	coffee [**koff**i]
Tee	tea [tih]
Orangensaft	orange juice [orrəndseh_dseh**uhs**]
Suppe	soup [ßuhp]
Fisch / Meeresfrüchte	fish / seafood [fisch / ßihfud]
Fleisch / Geflügel	meat / poultry [miht / **pohl**tri]
Reis	rice [reiß]
Gemüse	vegetable [**wädsch**təbl]
Salat	salad [**Bäl**əd]
Obst	fruit [fruht]
Bier	beer [biə]
Mineralwasser	mineral water [**minn**rəl wohter]

Fly with us and experience our new Dreamliner

طيران الخليج
GULF AIR

CHECKLISTE THAILAND

Nur da gewesen oder schon entdeckt?

☐ **PARADIES AUF KO HAI**
Das Inselchen Ko Hai erfüllt mit schneeweißem Sand, türkisfarbenem Meer und grünem Urwald die kühnsten Träume von Strandurlaubern. › S. 16

☐ **TREKKING ZU BERGVÖLKERN**
Mit einem kundigen Führer gelingt der sanfte Tourismus in die Wälder Nordwestthailands. › S. 13

☐ **LICHTERFEST**
Aufsteigende Wünsche und davonschwimmende Sünden erfreuen bei Novembervollmond die Augen und Seelen nicht nur der gläubigen Buddhisten. Besonders stimmungsvoll ist die Zeremonie in Sukothai und Chiang Mai. › S. 16

☐ **108 MÜNZEN FÜR DEN ERLEUCHTETEN**
Wer die Opferschälchen des Liegenden Buddha im Wat Pho mit 108 vor Ort erhältlichen Satang-Münzen füllt, kommt dem Nirvana ein Stück näher. › S. 12

☐ **ABENDDÄMMERUNG ÜBER MAE HONG SON**
Vom Tempel Wat Doi Kong Moo schweift der Blick weit über das Tal von Mae Hong Son, das in der blauen Stunde wie hingetuscht seine volle Magie entfaltet. › S. 16

☐ **HAI AHOI**
Die farbenprächtige Unterwasserwelt in den Tauchrevieren südlich von Ko Lanta verspricht faszinierende Begegnungen. › S. 13

☐ **KREBSCURRY IN KRABI**
Vorzügliche frische Meeresfrüchte zu Spottpreisen, raffiniert und geheimnisvoll gewürzt, servieren die Lokale am Strand von Ao Nang. › S. 14

💬 **MITBRINGSEL**

• **Pikantes vom Markt:** Currypasten für den Thai-Geschmack zu Hause › S. 18
• **Mudmee-Seide aus Khorat:** Wunderschöne Decken für die Wohnung › S. 17